聞盡：地球母親在呼喚

傳部：窮和尚的大夢

寂靜之門

心道法師 自序

這本書，是我的親身體驗，也包含觀音法門的概要。觀音菩薩一直都是我最親最近的親人，也是我的偶像、我的修道世界。思及觀音，讓我確定了一生追求的目標。

從戰場到墳場，從墳場到道場，我的大半生從緬甸到了臺灣；從籌設世界宗教博物館的因緣，再到世界各地，一路都被觀音菩薩照顧著、啓發著。我內心覺得，我這一生是來替觀音打工的，盡力做點接引的任務。

現在的時代已經大不如前，地球環境也大為惡化了，所謂熱惱加倍，五毒熾盛。人們的善念也不夠，在資訊爆炸的生活中，我們缺乏正念引導，疑心太重，沒有自信，更無法互信，很多善業福報都在快速消損，很多惡因惡緣的共業都在快速累積中。除了找回信仰的力量，我們沒有更好的方法改善惡性循環的世界；除了學佛以外，我們無法找到平安吉祥的究竟道路。

我們要用觀音的慈悲把地球家庭照顧好！災難劫難愈多，愈是觀音菩薩救苦救難的時代。我們需要學習觀音的悲心願力，本著互益共生的精神，互相救難救劫，當眾人都像觀音，地球的平安就會呈現。

我希望透過自己的分享，傳播觀音菩薩的救世福音，帶給大家一帖清涼的解藥，重新回歸靈性的大寂靜、大圓滿。

時隔五年再版，是有具體進度的時候，這時段中，全球災異顛簸不斷，但愛地球的和平之路還是繼續鋪展，從宗博成立十五周年，延伸到我在佛國緬甸的故鄉族人，臘戌弄曼大善園寺沙彌學園，二〇一六年夏順利開學了，這個和平大學計畫終於開跑了。

另外，我把多年來《心經》的分享集結，作一個直說，從本書中分出，別列一冊，算是完整貫串耳根圓通的觀音法門的理路。

承蒙觀音的加持，逾三十年來應許我，讓我更能盡心盡力。

聞部——失落的娑婆

戰火浩劫：一百年的懺悔

憑弔古戰場，追憶昔日風雲，其實也是股起自幽微的不捨心意。人，何時才能放下殺業？世間，何時才能永熄戰火？

這二十幾年來，靈鷲山基隆講堂會在清明時節舉辦「清明懷恩法會」，誦念《地藏經》和三大士燄口法會，超薦無主亡魂。其中，都要特別立一牌位，為基隆法國公墓中，傷亡於清法戰爭的將兵而設——十方法界幽渺浩瀚，每年我們的義工寫到這個牌位，都會格外持咒回向。

經過基隆時，我們或許曾注意過法國公墓，卻沒有想到進去過。清法戰爭，是臺灣近代史的重要段落，當年法蘭西的孤魂失落在異國，縹緲無依歸。戰爭急暴猝死的亡靈冤執很深，百年對他們都只像剎那，他們的意識還執著在那個強烈的情境中，要幫助他們走出迷途，實在需要靠宗教的引導。可以說，每個宗教都有一套記憶解碼的方法，幫助亡魂解冤解業，一旦鬆開這些意識的妄執，才能再去轉生。

小時候，我在緬甸邊區叢林跟著游擊隊打仗。上戰場就像放鞭炮一樣，他們叫我們躲起來，頭不要出來，我們聽到乒乒乓乓，就打起來了，只看到人就一個個這樣倒，也不知道怎麼回事？大人說，戰爭開始了。我要拿槍，大人不給我，因為槍比我還高，也比我「值錢」，怕被搶走了。最多時候，我身上背了四、五個手榴彈，但我從沒丟出去過，那時也不知道害怕。有些逃兵，不想打了，跑掉，被抓回來，就槍斃了。

戰爭冤氣，累劫難消

戰爭非常殘酷，當雙方為了戰勝無所不用其極地纏鬥、傷害、殺戮時，也積累了世代難消的怨氣，這些惡業像連鎖效應一樣蔓延遞變，不斷循環醞釀成災，可以說一切的災難，從「殺」而來。殺業，是一種瞋怒怨恨的作用，那種力量會像分子般結合，凝聚為無可控制的業力。

在戰爭裡死去的人，並不是死了就四大皆空，他們的業力仍被「存檔」，如一個記憶體上存著死時的「恐怖」和「忿恨」；身體沒有了，但是怨氣仍長存世間，找不到歸位。這個記憶體裡的怨氣，會互相召喚共振，不知道什麼時候再爆發出更大的災難戰禍，因此，我們有機緣一定要為戰爭亡靈超度。像人類的大戰、辛亥百年這樣的大時代，這世界實在是冤氣鬱積，數以億萬計的亡魂意識，纏繞在恐懼冤結的情境裡，不曉得自己已死，也不知何去何從——超度就是接引並引導他們脱離現在的狀態，尋求安寧。

怨氣，是一種循環報復的業氣，如果沒有得到轉化超越，會以各種方式「出氣」。人們想要尋求安寧解脱，唯有反省懺悔一途。引導自己，也化導眾生。

佛法説因果，殺與被殺間是相應環扣而來，那是存在「記憶體」上的業力循環。從前毀滅的因，變成現在毀滅的果；現在毀滅的果，會埋下未來毀滅的因。無始無終的業，起於一念無明，我們永遠無法尋索第一念的混沌，但是經過累世熬磨後，總有機緣一念得度，「為什麼要這樣惡性循環下去呢？」這一念「覺苦求助」，相應於觀音的大悲心，才是得度的曙光。

這一念，無比珍貴。

透過懺悔，這個記憶體的環扣才會鬆動，就像箭射出去後，力道會慢慢消失。一旦這個累世執著的「我」覺得想離苦得樂，不斷的懺悔才能鬆動因果環扣，累世累劫積下來的怨氣，才能被「解碼」。

當我們持咒念經，超度徘徊古戰場的亡靈、歷史中罹難的眾生，或十方法界無祀孤魂，我的內心總是甚深寧靜，祈求亡靈能夠得到超薦，早日投胎解脫輪迴。而憑弔古戰場，追憶昔日風雲，其實也是這股起自幽微的不捨心意。人，何時才能放下殺業？世間，何時才能永熄戰火？

從妄執的靈識來看，百年不過一念。三惡道眾生業報劫量很長，可以說近百年內的那些戰亂亡靈的意識，其實都還糾結如在「現況」中，像一次大戰、二次大戰和近代全球各地戰爭內死去的大批生靈，還有人類造成其他生靈的種種傷害，那股空前碩大的怨氣，總是伺機找到出口，總是以各種有形無形的方式，持續發酵醞釀著，這實在是世界很多危機的根源。所以，我們這一代責任重大，應時時心生慈悲，護念著他們，要為這一切生靈亡靈超度、化解。

出世為人，珍惜善緣

臺灣人的習俗觀念裡，農曆七月是鬼月，有許多的禁忌。

七月諸熱燠集，在古印度的佛教裡，僧侶在七月中旬結夏安居完，這時為「僧自恣日」，舉辦「盂蘭盆會」最殊勝，意思是僧侶解夏時功德最清淨，齋僧最吉祥，超薦力最大，一般佛寺也在這段時間籌辦法會，為善信消災超薦。

靈鷲山以水陸法會廣結善緣、符應民情是這樣說法的：要給那些「好兄弟」請客。

一般，中元普度的時候，大家通常都要做什麼呢？

你家裡會不會拜中元？通常臺灣民俗會這樣，店家和住家都會擺供桌，放祭品，在臺北市這樣的大都市裡，時辰來到，許多人在騎樓下集體舉香遙拜，香煙氤氳繚繞，這是許多人都習以為常、難以忘懷的畫面。或許，你只是拿香跟著拜，意思是同樣的：拜「好兄弟」，請他們來吃一頓，讓他們得到飽足，願我們家宅得保平安。

我們七月習慣說的超度，所請的「好兄弟」，就是佛教所說的餓鬼道。佛教這樣說，淪入餓鬼道的眾生，因為極度慳貪吝嗇的業報，在飲食上得不到飽足，特別是常常處在看得到、吃不得的情況，美食入口，變成火炭，化為火焰，所以，他們只要求得一餐飲食，就很高興了；但是，這頓飽了，下一餐在哪裡也不知道。一般人不知，施食餓鬼也要方法，否則，他們常常得不到利益，只有更痛苦。

所以說，水陸特別要做「放焰口」的儀式，就是為了幫助這些飢渴萬般的痛苦眾生，讓他們得清淨食，並且藉機聞法，使心開意解而得度。想想，沒多久前，或許一百年前，他們也許曾經是活在地球上的人們，也一樣有著眷戀和不捨過。再來，就是剛死的，也最需要超度。因為，四十九天內是一個關鍵，這是我們這個星球的一個生命循環的期數。七七四十九天內，一般亡靈就會形成下一期生命的狀況，靈識會找到他業報合適的環境去投胎；而在人間，一般母親懷胎也是四十九天，胎體就會構造具足。

那些淪落餓鬼道的眾生，要找到一個轉身投胎的好機會，需要很大的善緣幫助，但是，他們受限於過去生累積的善業福報不夠，所以無法去轉生，只能一直在餓鬼道中流浪。這道理，就像我們想買房子就必須要有錢，要想辦法存一些錢，錢存得少，買房子的機會就少，能買到的房子就比較小；錢存得多，就可以買比較大、比較好的房子。但是，對於那些債務纏身或極度貧窮的人，幾乎難以翻身，連存錢的機緣都沒有，更別想要買房子的事，除了靠人家接濟以外，別無辦法。

我們每個人的身體，都是一間房子，這間房子得來不易，過去世要做過很多好事情，我們才能夠「賺到」這個身體；下輩子想要「賺到」這個身體，也是要累積功德、做好事、結善緣，這樣才有辦法再擁有一副善緣具足、六根完整的身體。這個身體出世以後，環境好好壞壞都還不曉得，但是你能「賺到」這個身體，就該感到高興了。

佛家說「人身難得」，因為比起其他三惡道眾生的遭遇，能出生做人，實在是值得慶祝的事！如果有人會怨歎，因為做人而不歡喜，那是因為他不知畜生、餓鬼、地獄的眾生相，不然，應該沒有人不慶幸生而為人。做人，真是大福氣，只是後天環境或心境上，經常苦樂參半、悲喜交集。如果觀念沒弄好，因果就比較苦、比較煩惱，還有許許多多鑽進去就出不來的思想困境或陷阱而已。其他生活狀況，一般還是可以很有趣、很美好。所以做人不是壞事，能夠出世做人，本身就是很幸運的事情，有了這個人身就是福報具足的事情，要感恩惜福，才能善用人身。

靈鷲山每年水陸「放焰口」的時候，如果在七月，與會人都特別多，大家都習慣來拜「好兄弟」。「放焰口」是做什麼呢？就是要籌辦食物款待「好兄弟」，但如何讓他們真正得度？不只是解決飢渴問題而已，是要想盡辦法讓他們超脫鬼道、離開三惡道，這個得度往生的關鍵在「懺悔」——如何心生懺悔，痛改前非？唯有透過開導，使他心開意解，才能蒙佛接引。

當我們超度冤親債主、歷代祖先的時候，意思是要幫他們準備好位子；他們一被召請來，就有位子坐，不用搶奪，而且有東西吃，還有法師講道理給他們聽。當你為他超度，便成他們在陽間的東家，你就跟他們結了好緣。

我以前在宜蘭修行時，記得宜蘭人常常輪流請客。這户人家請別家的人來吃飯，這一條街道的人請別街道的人吃，下一次再換那條街來請這條街的人吃，常常這樣輪流請客。請了，怕請不好，被人家說不誠意、失了面子，說是不是沒錢呀、捨不得啊，所以，宜蘭鄉親都會把請客場面做起來，感覺要把禮數做到位才是。

佛教說，「心念最重要，心轉業轉。」然而，人道都難度，何況對這些三惡道有著強烈執著的眾生來說，一時，真是無法以空性究竟接引，需要藉由這些施食方便，來鬆動他們固執的心，所以放焰口的時候，有著一整套繁複的擺設流程儀式，嚴嚴謹謹、認認真真地演出，就是為了來攝受、莊嚴他們的身心。

為什麼要這樣子請客呢？人情相因成習，大家互動慣了，也請得很高興，因為顧了面子，也總能廣結善緣。水陸放焰口的儀式裡，頗有民間人情味，禮俗上是沿襲了這種樂天好客的情愫，只不過，賓主是隔著陰陽在交朋友的。本來，心念牽引，也不受時空限制，一切方便，如何能讓眾生「起信生解」？才是重點。

超度冤氣，解煞化障

當然，超度若遇上冤氣特別重的、意外橫死的亡靈，就不是請請客可能化解的。這也是我適才提到的，戰爭和災難特別令人覺得難過的原因了。

這種凶死的人，常常是在極度恐怖之下死亡的，怨氣非常的強，死後也留著極強的業念。比如說，多年前有架華航飛機在澎湖海域墜毀，我們臺北有一個佛堂，辦起超度法會來，相當多人。其中負責的徒弟說，華航空難中有位罹難者是她先生的好朋友，有一天，她先生去參加公祭，回家以後，那天晚上就昏倒了，然後晚上睡覺的時候，會突然跳了起來。說是被煞到啦。煞到什麼？一開始，這位徒弟不知所措，不曉得如何處理這個狀況，因此大大小小不管什麼狀況，都會打電話來說，「師父！師父！我丈夫昏倒了！」我說：「怎麼？血壓高？還是貧血？」「沒有呀！」一問，說出是去公祭，回來就變成這樣。我說：「可能是中暑唷……」

「可是，如果中暑，晚上睡覺，不會跳起來啊？」這樣一來，大家就說她丈夫被他的那個朋友「煞到了」。這個煞到是什麼？一方面可能跟個人身心體質狀況有關，好比有些人就是很容易被環境人事物境的好好壞壞影響一樣，再來可能是亡靈有所託，死後無從溝通了，只有想盡辦法讓人間知道。

於是，他們請我前去幫他加持，想幫那個「煞」解一解。但是，加持以後，看起來，還是沒有什麼效果，到了晚上，她丈夫還是一樣會跳起來。我說：「這樣吧，你就幫這個朋友超度。」她就幫這個遇難的朋友做超薦法會，我在法會上，又第二次幫他加持。這次加持過後，狀況不錯了。她說：「師父，有用！」

我這徒弟，很鐵齒，皈依有五、六年了，本來也是做佛事馬馬虎虎不在意，經過這一次後，她比較相信超度一說。我想，凶死的、上吊死的、生病死的，何況戰爭而死的，那真是沒那麼容易超度得動！所以，有機會一定要藉大法會的超薦力，延請有修有證的三寶來念經修法，才能因應。中國古代皇帝也是這樣開始籌設水陸，用來懺悔超薦那些在改朝換代時、戰爭動亂中，被大批犧牲的無辜亡靈。

那種拖了許久、久病的人也是很痛苦的，子孫親友看了，奔波照顧，幫不上忙，也會痛苦不堪，就是活受罪，也拖累全家。怎麼辦呢？我常遇到人們來跟我問，既然現實上用盡全力，還是無能為力，我會勸他：「不如念念《水懺》吧。」有的狀況，念個二部、三部……十部之後，情形就有所轉變，病人也脫離痛苦，有的很快好轉了，有的則順利告別這個世間。這種感應實例，以我們的經驗，多不勝舉。很多人來為久病纏身的親人求問，回去專心修誦後，都會跟我回報，「真的，師父，三天就去了，我念一念就好走了（往生）。」

像《水懺》、《梁皇寶懺》這樣的懺法，都是古德祖師的傑作，一心念誦，真是可以幫助我們轉識成智，心轉業轉，無限契機，可能會纏個三年、五年的病障、業苦……也會在冥冥中轉化開來。想想看，念《水懺》回向給久病纏身的人都有轉機了，那回向給我們這種健康活著的人，怎麼會沒效？古德祖師說感應道交，一念遍三千，很有效！就是看你有沒有虔誠地念，有沒有精進地念，如果用了心，那冤債一定能解的，業障一定會化的。

業也是無常，怎可說消不了業？我常說，深信因果勤行善，懺悔就是解脫業障最好的法門。我們生生世世相互欠債，不知道如何解，沒見到人，也沒見到影，但是業卻如影隨形，牽絆著我們，如果感到隨時有不好的事情發生，這時候就念誦《水懺》，誠心念，經常念，真心回向，就會有效。而水陸集合眾緣，更是難得，必是千萬倍於念《水懺》的效果，大法會共修實在比起個人獨修更具功德，善緣更廣大。我以前從墳場開始發願，為了救度三惡道，每個月都做圓滿施食，後來因緣成熟，每年都會籌辦水陸法會，就是發現箇中奧妙。

生旋復死，幾度春秋

生前很固執的人，也很難超度，需要好幾回才超度得了，並不是一次超度就可以超度得了的。

有的人的個性就是很奇怪，很固執，生前不願意聽人說解，死後也不易被超度。再來，因為福氣不夠，超度的資糧不夠，去了也沒用，或是慳吝懷疑心重，拿不出虔敬供養的心，妄執難轉，所以也是超度不了。所以說，有時候鬼可以活幾千年，甚至更久，死了又生、生旋復死，還在鬼道中……我們很多歷代祖先，過了幾劫，幾度生死輪迴，還做鬼，所以我們現在還是可以超度得到。

鬼的命很長，他們的一天是我們的五百年，或是更長，他們的時間過得很慢；地獄呢，它的時間更長，愈苦的就愈長。你看，人世間不也是這樣，快樂的時光總覺得一下子就過去，苦的日子卻漫長難過。在鬼道的眾生一天是非常長的，如果要過一千年，那不就更難想像，簡直苦死了，好在他們都是「苦不死」的，因為都是意識的變換，生生還是無生。

幾年前，我去新竹遇到一個在海巡署的弟子，他有一趟，坐船出海去巡邏，剛好看見華航空難罹難者的屍體，他在海上撿到四具遺體。回來以後，他就作夢了，夢到有個人在海底七十公尺下面，被安全帶給綁住了，綁在椅子上浮不起來，然後就帶他去看，約有七十幾個人。後來去尋，找到大約一百多人，總共人數差不多應該是二百多人，所以海底應該還有未尋獲的遺體。

當時，那些沉在海底的人托夢給他說，「要幫他們解開安全帶才能浮上來！」因為他們知道我那個弟子是個皈依的佛教徒，可能有因緣為他們做功德，來幫助他們，所以他們想說，不管有沒有人去幫他們解開安全帶，至少也希望有人可以幫他們做超度。後來，我被請去幫他們灑淨，因為這些海巡署的同事幫忙打撈遺體後，總是覺得「怪怪的」，所以請我去幫他們灑淨祈福，就算是「收驚」了。

九二一地震後，頭七前，到處都有驚慌的人來說，感到被壓、被掐，睡覺的時候都無法安穩入睡，稍稍睡去，又會驚嚇而醒來，腦海中無時無刻纏繞著地震慘況和死傷者的影像。那年，我們到南投做了頭七的佛事，後來還有幾次不幸的災難，像是華航、新航空難，就有其他的佛教寺院一起加進來了。我想，佛教徒要大家一起合作，分工來做，一些社會資源既缺乏又被冷落的角落，鎂光燈愈不注意的地方，我們佛教徒就是要盡量去補位，來幫助他們，這個部分你來做，那個部分我來做，大家分工合作，整個社會才會做得圓滿。

持觀音力，做觀音行

最好，我們能夠學習開悟，但徹底開悟前，我們還是可以到淨土去，不要輪迴在這個娑婆世間。

在這個娑婆世間輪迴，實在是很恐怖的事。戰爭的殘酷、天災的無情，讓眾生如此不堪地死去，殘忍的人禍啊，彼此傷害的眾生啊——沒有得到徹底證悟以前，看著世間的戰爭和災難，我們仍會忿恨、會分別、會恐怖、會執著；若要遠離恐怖、顛倒、夢想，就是要能夠學習佛法，建設我們的心態，徹悟輪迴的本質，脫離業網的幻相，只有這樣才能真正離苦得樂。

那麼，參與水陸，或修觀音度亡法門，都可以說是跟觀音菩薩觀修「合一」，一起來做度苦的工作。有機會共修時，要很專心地、很注意地做，不要弄錯了程序，每個程序都是有意義的。仔細觀察法師們的身教行儀，藉此也可檢視自己與會的起心動念。像打鼓，在漢傳佛教的法會，或西藏密宗的法會裡，鼓的節奏、速度波率是不能錯的，一個一個節拍都要清楚準確，鼓打到哪裡，法師做到哪裡，每個法儀都有一定的環扣點、一定的內涵意義，一點都不能糊塗散亂。

在靈鷲山上，每個月我會帶領大家共修一次，一起專心來做觀音菩薩度亡法。我們在修法的時候，就等於修三昧、修禪定，觀修時，要專心到合一，這個時候心不可亂想、妄想，才能做好觀音菩薩的六道度亡，如同自己都是觀音菩薩的化身一樣，用這心念態度來修法。

對修法這件事，我們總會給自己的忙碌和不專心，找好各種藉口。我們生活裡，時時刻刻充滿貪瞋癡，應付自己，也打發別人，常常都是忙碌在瑣碎的生活，忙碌在自己的家庭、生活、錢財，忙碌這些應付、面對，花了很多比例的時間在那裡面。

可是，如果能夠過得簡單，降低物欲的需求，我們用的、吃的、需要的其實不多，這樣我們就能多節省一點時間，來跟觀音菩薩做「合一」的工作——祂是我、我是祂，學習祂一起來做慈悲喜捨的救度工作。應該把時間多投注在這裡，這個就是我們的實修與累積善業資糧的方法。

每個月，有機會要來一起共修，善根便能一直堅固，一直堅固著你們的善根，把心清洗乾淨。

專心修法，就會與清淨心相應。你們共修時升起清淨心，累積久了，平常也會升起清淨心，自信就會夠。你不能說你很業障，你不是觀音菩薩，你要時時想著——我是觀音菩薩，我要救度一切——專一去做，就可以自利利生，轉換自己的思惟變成觀音菩薩，然後徹底實踐菩薩道，來利樂這個有情世間。

環境惡業：失落的娑婆

當善心生起的時候，也就是這個世界能夠改變的時候。

有人說，這個世界很苦，語氣哀怨悲觀，彷佛道盡他們滄桑顛簸的生命歷程。但是我也常遇見人們用著充滿陽光般的神情告訴我：「這是個美麗的世界。」我會對他微笑，誠心地祝福：「一定要幸福喔。」

那麼，這是苦海，還是淨土呢？

娑婆世界裡面，意思是堪忍，是一個處處要忍受的世界。雖然現在人們看起來享有那麼尊貴的生活，那麼的富裕，對待大地萬物一副高高在上的方式，短短百年間，不論物質上、資訊上都很方便充裕，和上個世紀或更早的人類比較，生活條件大大改進了，但是反觀我們的生命態度、人生境遇並無二致。我們想要的往往失落，不要的老是碰上，總是無常苦空、生老病死、悲歡離合，總是遇到這些事情，生活其中，什麼都抓不到；活在這個世界覺得很辛苦，必須一再忍受。

這個時代，環境也在迅速地惡化，已經逐漸顯現出壞劫的徵兆。最明顯的，就是地球暖化，造成各種氣候的災變——三災八難一起報到，幾乎每個季節，地球的某個角落都會傳出嚴重的風災、水災、火災、地震。氣候暖化的緣故，南極的冰大塊、大塊地融化了，漂流到紐西蘭去了。地球的熱也愈來愈嚴重，太陽光透過破壞的臭氧層，將大量熱能照到海水，海水又變成雲，雲跟著氣流跑。現在的氣流變得極不穩定，不下雨的地方永遠乾旱，要下雨的地方泛濫成災，一下就

一千多公釐、兩千多公釐，破了以前的紀錄。豪雨這樣下，山也受不了，被雨沖跑了，我們的人、房子也被沖跑了。

暖化進入這個階段，南北極的冰不可能再復原，地磁現在已經偏斜了角度嘛，除非，另外再重整一個南北極，如果再偏出一個極點，再下雪積成冰原，要不然我們很難回復到像以前那個四季分明、風調雨順的時節。那時曾經太陽曬起來不會有病，是健康的，現在陽光曬多了，對健康不好，就會有人警告你會得皮膚癌，而且當太陽光把水蒸發，蒸發以後形成的氣壓，又造成颱風、風災。

災難愈來愈多、愈來愈大，地球到處傳來此起彼落的天災，而且都以破紀錄的方式逼臨，各地政府手忙腳亂，救援系統來不及，然而復原之日遙遙無期，下一波災難卻又發生了。災難一波又一波，像骨牌效應一樣。當環境萬劫不復後，人們該怎麼辦？

末法亂世，環境依報

我們一定聽人形容過，這是個末法的亂世。

佛陀說，當人壽近百歲時，將有佛出世。從祂涅槃以後，每過一百年時間，人壽當減一歲，遞減到現在，平均人壽約六、七十歲。當繼續減到人壽只有十歲的時候，整個地球上將不再生長東西，環境極度惡劣貧瘠，只剩下乾枯的大地，長出些乾枯植物皆有刺有毒，刺到會要人命。

為什麼會這樣子呢？因為，人心不善了，已經到了互不相信，連父母、子女都無法信任的階段，這時候因為惡性循環，「依報」也壞了。佛法講的「依報」就是生命依存的地方，會產生跟人心相應的業報現象，地球暖化、氣候極端、環境生態逐漸破壞了。依據佛陀的說法，人壽過百年減一歲，五百年就減五歲，一千年減十歲，大概再過個五千年，人在地球的福報差不多都用盡了。

我們都親歷這個世界敗壞的過程，想避難都難，要避到哪裡去才安全？怎麼避？唯一辦法就是趕緊脫離這個娑婆。

脫離娑婆的一切方法中，佛說觀音法門接引眾生最相應。因為娑婆世界惡因苦緣太多，一不小心就墮落。而觀音曾經這樣發願：眾生若遇險求救，祂一定顯化為各種可能的方式，以合適的身分來接引，而且這樣接濟毫不遲疑，無有代價，只要你一念祈求，並且深信不疑。

我們不必等到臨險才試煉，有時災難來得太快太猛，連祈求都來不及。所以，平日就要持誦〈大悲咒〉，練習跟觀音菩薩的本願相應，這樣不只累積福德，也讓自己保持身心安定柔軟。持誦〈大悲咒〉，讓起心動念都吉祥，脫離痛苦厄業的因果環扣，縱有災難來到，一心專精祈禱，無形的念力往往會迴遮掉無常的傷害。希望大家善用此心，時時刻刻發出慈悲的心念，創造善因果。

佛法一直強調依止三寶，依止善業，諸惡莫作、眾善奉行，這個是最簡單的「心法」，可以消災免難。當善心生起時，也就是這個世界能夠改變的時候；如果我們連自己的善心都生不起來，那我們對改善這個世界，就真的一點辦法也沒有。

心淨土淨，滅貪瞋癡

不可輕忽任何一個心念，一切現象都是心念的反映。

佛法說「心淨則國土淨」，實在世界要和平，唯有心和平了。要擺平自己的這顆心，的確不容易。尤其，當惡業來襲的時候，我們總是怪這怪那，把自己當成「單純的」、「單向的」受害者，很難反省到自己平日所作所為，以及應該防微杜漸的心念，還有那些隱藏在人類社會後面的發展價值觀。現在環境惡化到這樣，跟社會集體作為的那些價值觀有關連，這些共業結構就是環環相扣的因果鍊鎖，這都是心念所導致。

這二十年來，為籌辦世界宗教博物館的過程中，我們希望信仰之間互相尊重，族群之間互相包容、生命之間互相博愛。這個信念大家很容易認同，但是在現實中，每個人內心的盤算卻不盡然這樣。我在世界各地奔走，和各個宗教人士積極接觸、對話，看到大家對世界的關心都有一致性，不外化解衝突與促進和平實踐。我注意到：所有宗教人士在解釋世界為什麼變成這樣的時候，幾乎都有一致看法，都提起了人心的貪瞋癡。

因為貪心，人們肆無忌憚破壞地球原有的循環體系。因為瞋心，引發戰爭、恐怖攻擊，無數核子彈、氫彈試爆，都會讓地球受傷，讓地殼搖動，然後造成空前未見的地震。因為我們的癡、我們的迷惑，造成我們的錯覺；迷惑癡心造成更多邪知邪見，扭曲事實或漠視真相的情況，時有所聞。

在佛教的辦法是這樣的，若能夠依止三寶——佛、法、僧——佛是真理的證悟者，法是證悟之道，僧代表真理的實踐者、傳承者與教化者。皈依三寶代表一套從個人到社會的生活信念，用來引導我們的正知正見，從而發出正念，善化自己的生活，善化這個世界，讓自己及地球都能智慧具足、福德具足，不製造或擴大災難的循環。這就是我們生生世世依止而追隨的。

佛陀也被稱為福慧兩足尊，但活在這個世間，我們都欠福、欠慧，無奈地輪迴六道。一會兒善道，一會兒惡道，我們在好好壞壞裡打滾，在善惡是非中打滾，翻來覆去地打滾，沒辦法出離。你看，人們的殺業太重，社會又暴戾，怎麼不招引戰爭、瘟疫、飢荒等災難？你看，自己每天吃了什麼、用了什麼、做了什麼，就知道我們的業在哪裡。

對這樣的命運，感到無奈嗎？感歎一聲，「這一切都是業力」嗎？業力就是前因後果、因果交纏，而我們今生陷在業力裡面的無奈，無解嗎？還是有機緣遇到佛法，就要虔誠反省，好好學習！學習佛法是淨化我們的身口意，讓身不造殺、盜、邪淫三業，口不造四業——惡口、妄語、綺語、兩舌。

其中，口業很容易犯到，因為現在是一個資訊傳播的時代，需要頻繁的人際溝通。兩舌就是挑撥，惡口就是以惡毒之言罵人，很多人一口三字經一直罵到老、到死。有些小孩受到環境影響，五、六歲就很會罵人，三字經照常罵。種了這個罵人的因，這是很不好的。還有說些虛妄不實的謊言，或是奉承阿諛的討好，這些口業都是平常很容易犯的。口業要改，福氣就有。口業如果不改，不僅福氣不夠，還會無事生波，牽連出一堆惡業。

要把口德修好，用嘴來讚歎，不說是非，不道長短，還有口腹之欲要節制，提倡多吃素少吃葷，又能環保，又能減碳，又能夠對地球有幫助。

常常要知道「守口起善、守身起善、守意起善」。

意就是貪瞋癡，要轉換貪念，成為布施。布施就是給予善業。

瞋恨之心起時，要轉換成慈悲，憐憫拔苦，幫助弱勢團體，救災救難，時時做這些善的循環。

對於內心的癡，要轉換成正見，我們就要參與法會、聽聞佛法、讀誦經典，讓智慧像太陽一樣光明燦爛，不要烏雲密布，造成心情的憂愁陷落。

造業無數，輪迴難越

生死輪迴當然苦，這個世間裡，生老病死如影隨形。

造業既多——過去造的業很多，現在也造了不少的業，包括殺業，破壞大自然也是造殺業。這麼久以來，科學愈發達，我們愈破壞了大自然的協調性，累積了很多不好的業。

比如說採礦，濫採各種的礦後，造成我們整個南、北極的不協調，災難也就變多。本來，南、北極是兩個大磁場，靠的是地質的礦石，當人類開採過度，也破壞了南、北極的磁場，結果磁極偏失了，不靈了。地球的天氣運行，整個四季調節，要靠南、北極磁場的動力，現在這個動力，亂掉了。

當飽受各種地球暖化的惡果之後，我們或許知道要去愛護大自然，但環保直通心靈問題，也就是我們的價值觀。環保最核心處，是我們要關懷大自然跟人類的互動性。

身口意造業，身就會產生病苦，心理惶惶不安。放大到整個社會呢，也是一樣的，就是雞瘟、豬瘟哪、魚瘟哪，什麼瘟都有，各種奇怪的疾病都出現，現在還變成有「人瘟」——腸炎、癌症，各種新病毒，還有許多免疫系統的怪病，這些病層出不窮。所以，我們要常常行善，常常行菩薩道，不要說為時已晚，只要一轉念，就有希望。

再來，要常常懺悔。我們要知道，懺悔得安樂！懺悔我們以往所做的種種冤債、所造的業。輪迴之苦來自「造業無知」——過去造，現在造，未來造，對累積這麼多的業，我們一無反省，只有受報時唉聲歎氣的份，這是因為對業果無知，才會放縱習氣作為，所以，隨時都要存著懺悔的心。

對話瞭解，宗教皆同

我曾在美國與伊斯蘭教徒一起對談，他們是很有名望的伊斯蘭教大師及學者。我們都關心這個世界的環境，同時，也問到世界和平還有希望嗎？從九一一以後，基督教社會跟伊斯蘭教世界一直有所衝突，一直存在一些互相挑撥敵意的因素。佛教較溫和柔性的性格，可以作為各宗教間居中對話的橋梁，讓大家有機會透過對話、增進瞭解。在對話中，往往很多問題自動會解套。對話的基礎在於傾聽的心量跟寬容，面對面時有時發生很多化於無形的感動，才是對話真正的目的。

我們去跟伊斯蘭教徒對談，把佛教對和平的講法，與伊斯蘭教徒的和平教義進行對照，「你們教義裡有和平嗎？」「有，我的經義也是有和平的。」「你有我也有，所以大家就是要和平。」「你有一條教義說，可以打人的嗎？」「沒有，我們沒有這一條。」這樣一來一往對話，很多因襲的成見一一解開來。

當這個世界的各宗教，願意彼此增進一些瞭解，也就是大家攜手邁向改善地球環境的開端——我這樣相信。

靈識蒙塵：生滅的須彌

從佛法、覺性窺看生的起源，有如從一粒沙裡握住了須彌世界。

我常常聽信徒聊天時用到一個賣藥的廣告詞，好像大家都會琅琅上口：「肝若好，人生是彩色的；肝若壞，人生是黑白的。」可能大家比我還熟悉這個藥品的名稱，我卻清楚記得這句話。

這句話，除了說健康重要外，也表達一個普遍的人生觀：人們都喜歡擁有既豐富又多采多姿的彩色人生，不喜歡單調、死氣沉沉的黑白調。

彩色的人生觀，就是正面、積極、樂觀，不要有負面思緒。一個人的人生觀會影響到家人、朋友，影響整個社會，甚至整個世界，所以，當人們帶著憂悲苦惱來看我時，我勸大家，要有正面的思考和心態，縱使千般難、萬般苦，還是要正面以對。通常他們會說，「道理懂，就做不到啊！」但我們要練習，只有這樣，業才能翻身。

正面是善業，積極是善業，樂觀是善業，唯有善因能感召善果。所以，不要什麼事都悲觀消沉，要心存善念，與人為善，真是會左右逢源、絕處逢生的。

有些人吃得好、穿得好、睡得好，老婆、孩子、先生、父母都好，但心內卻十分悲觀，覺得什麼都不夠好。悲觀就是一種不好的情緒，造成家人、自己、大家都不能快樂起來——何苦說不清？所以我們要樂觀。負面、消極、悲觀就是惡業。不要以為自己心地好，負面情緒沒關係，其實給人家負面情緒，消極、悲觀、對立，就是累積惡業了。心態或觀念不好，就是惡業，不用懷疑！

其實，跟佛學習，就是學習佛陀那種無量的慈悲智慧，三千威儀、八萬細行，都是用心處。這樣的生活態度，能讓短暫的人生變成彩色。學佛，人的生命才有一個更遠大目標，而且生生世世都能延續，學習成就那不死的法身，徹底解脫輪迴障礙。

每一個人都有覺性，可是，這點覺性被什麼遮蔽住了？讓你思想不到、觀察不到、沒法子去了解，等於就是迷失掉了。什麼東西迷掉呢？我們找不到覺性，看到的只是身體，還有外在的現象，以為這些代表一切，從來沒有機會真正看到覺性的無生無滅。

覺性不會生、不會死。如果學習不能達到此境界，就叫流浪生死。我們要學習這個智慧，有了智慧以後，不會自找煩惱、自找麻煩、自我糾纏，也不會自己處處跟自己過意不去，綁手綁腳卻還要怪罪別人。學習佛陀的智慧，就能夠透視一切因緣，痛苦煩惱自然煙消雲散，業障也就消轉了。

觀想十心，究竟離苦

有沒有想過「人生的目的或意義是什麼」這樣的問題？我相信每個人內心一定自有看法，但是，有什麼目標值得一生追求，讓我們都從中獲得無盡的福祉？

平常一般人只是看到這輩子，只能夠營運這一生，賺錢、打拚事業，追求名利，無論怎樣都要用這些外在的成功來構築人生藍圖。既然這樣，就及時行樂，打滾在貪瞋癡裡。生命是無盡的緣起，輪迴雖然看不到，但因果確實存在，個人行為隨時牽連著整體，人與人、人與萬物、人與自然之間確實環環相扣，存有牽一髮而動全身的因果關係，因此，佛法的人生觀與生命觀，都是超越個別生命的經營觀點。若要生生世世都是好命好運，在我們現在點點滴滴生活當中，就要能開發智慧、行善布施，我們的生命記憶體，才能夠環扣到生生世世的善緣。

那麼，娑婆世界最有善緣的修法，無非就是觀音法門了，《大佛頂首楞嚴經》讚歎觀音法門是末劫時代最殊勝、最方便、最迅速成就的法門，「詢我諸方便，以救諸末劫，求出世間人，成就涅槃心，觀世音為最」，尤其現在的時代死緣太多，很容易生命就沒有了，不曉得什麼時候就被莫名其妙牽連受難，所以無論如何，我們都要掌握時機修持「觀音法門」。

修持「觀音法門」首先要發菩提心，要對觀音菩薩的這個法門發起稀有殊勝的一個菩提心。「菩提心」分成兩種：世俗菩提心與勝義菩提心。世俗菩提心是來自慈悲願力，生起成佛度一切眾的廣大悲心。勝義菩提心呢，是在實相中，明白一切現象是畢竟空，所以「能度的人」、「所度的對象」、「救度的願」，三者了不可得，空無所有，能夠離開這種相對性，以無所得的心，發起菩提心去利益一切。

我們修觀音法門，還要有十種心跟觀音菩薩相應，修法才能夠具足條件。第一個，叫做「大慈悲心」。「慈」是幫助眾生得到快樂；「悲」是讓眾生離開痛苦；「大」，則是究竟遍滿無礙的意思。

第二個就是叫做「平等心」，是無分別心。沒有人我、高低、好壞、男女的區別，對一切都能平等對待。我們的覺性本來圓滿，是平等的、無分別對立的，沒有人我相、眾生相等等的區隔，因為覺性平等一如、超越對待的關係。

第三個心叫做「無為心」。無為心是什麼呢？跟我們有關係嗎？無為心是我們的覺性，我們的覺性就是無為心，相對於有為法，不是造作而來；不去計較一切是非、好壞，也不執著有沒有功德可得。無為心就是無作心，自性天真流露，沒有任何做作，自然而生了悲心、願力。

第四個叫做「無染著心」。什麼叫無染著心呢？當然不是我們故意製造一個無染著的心，而是覺性本來就「無染著」，就是「清淨心」。要學習菩薩的發心，直心單純而沒有雜染，不去妄執人情是非好壞，不去論斷長短高低，在生活中保持正面、無執，對外境我們不貪染、不執著。

第五個就是叫做「空觀心」。我們常常要知道一切法、一切現象、一切變化都是緣生緣滅，看到緣生緣滅，無有一法可得，就是空觀心。我們看到的一切都是無常、沒有實質，以這樣的心來看一切，便能回歸到本體，也就是看到本來面目，認識到事物的本質畢竟空，因此不會執著種種因緣，而能放得下、看得開。

第六個叫做「恭敬心」。恭敬心，是尊敬、誠懇地對待一切，也就是普賢菩薩十大願中「禮敬諸佛」的意思。也就是說，把一切眾生都當作我們的老師，萬法無不是智慧。《華嚴經》裡面提到一切是「智」，意思就是一切都是老師、一切都是智慧。

第七個叫做「卑下心」。恭敬心與卑下心為相互關係，有恭敬心，才會有卑下心。所謂的卑下心就是謙卑學習的心，沒有學習的心，就沒有卑下心了。如果我們這一生都自認為是學生，就可以學到很多東西；這一生，如果我們不是用卑下心來生活，可能我們就學不到很多東西。卑下心是用〈大悲咒〉來降伏我們的傲慢心，訓練自己將一切眾生當成未來佛一樣，把自己當成新學的菩薩，理當謙讓。

第八個叫做「無雜亂心」。所謂無雜亂心，就是專注心，專心一意。我們的覺性本來專注一味、無所散亂。用這樣的專注心持咒就能夠念念感應，念念契入。修法要沒有雜亂心，一心不亂，才能相應，而不是一面持咒，一面處理複雜的事情，這樣散亂心持誦，不易專注，也無法感通。

第九個叫做「無見取心」。「見相取相」是我們常犯的一個錯誤，有時把別人的好意誤解成批評，而引起誤會與煩惱，所以要用「無見取心」，來解脫我們的這種執迷不悟的惑。在覺性裡面，無執無取，見相非相；覺性離相，所以說沒有見取心，才是本覺。我們一旦「見相有相」，那就是「見取心」。

第十個叫做「無上菩提心」。菩提心是究竟自覺覺他的發心，因為是究竟的發心，發願生生世世不退轉於菩薩道，所以又稱「無上」，是最頂顛的發心，再沒有更高的了，也就是發起上成佛道、下化眾生的菩提心。

誦持〈大悲咒〉，學習觀音法門，必須學習具足這十種心念——大慈悲心、平等心、無為心、無染著心、空觀心、恭敬心、卑下心、無雜亂心、無見取心、無上菩提心，這叫做〈大悲咒〉的「十心」。用這樣的「十心」來修誦觀音法門，就能夠將我們的生活、行為整個融入了〈大悲咒〉的修行三昧裡。

記憶如種，隨業再生

人是一個記憶體，一切生命無一不是記憶體，整個記憶體能夠呈現、再生，不斷循環。比如說，我們看到一朵花，這朵花是因為它的記憶體所產生，這記憶體是種子基因，有什麼樣的種子，就長什麼樣的葉子、開什麼樣的花，這花朵是紅的、是白的，花形花香是什麼樣，這些都是記憶體。它是什麼花，就有它的記憶體，所以，這花謝了，下次再開，還是一樣的花，不會變，除非配種時把它配壞了，那麼它長的樣子，就是照它原來的記憶體這樣長出來。

人的生命記憶體，也是一樣的道理。如果不是記憶體，就沒有生命，因為沒辦法複製再生，所以就不是生命。因為你有人的記憶體，所以，生命是人，記憶體中存有各種人事物境的關係記憶。為什麼你有緣討老婆？那老婆為什麼會跟你有那個緣分？這都是記憶體的關係。

什麼叫做「再生」？就是記憶體的檔案。多生以來，我們的記憶體檔案，已經收集了從生到死的人際關係，你跟什麼人做了些什麼事情，跟花草，跟土木，跟環境，跟任何東西所產生的一切關係，叫做記憶體。憑著生命彼此的記憶體，我們的生活顯現為各種緣分，繼續此生作為，然後儲存為新的記憶體，等待彼生因緣。意思是這一生，你使用這個記憶體到完畢，同時，你又已經再開始另一個新的記憶體、未來的生命。

這麼多的生命為什麼都不一樣？全球的每個人，都是不一樣的，每個人的心、想法也不一樣，所以他長出來就不一樣了。就算雙胞胎也沒有一樣的，雙胞胎也只會有不少共同點，還有很多不一樣。其實，人身體裡面一切的細胞，都是記憶體、細胞核，每一個細胞可以去複製，可是複製人的記憶卻不一樣，用兩個細胞去複製，可能人的樣子長一樣，個別思想卻不一樣。每一個細胞各有各的記憶體，人的記憶體可以複製變成人，但複製人還是有不一樣的思想。

人是從受精卵而來的，受精卵就是一個記憶體。它怎麼長？記憶體到底是誰的？這個就是基因遺傳、染色體，從這個再繼續分析下來，染色體又是什麼？基因又是什麼呢？尋找到最初的源頭，還是一個念頭的問題——什麼樣的念頭，產生什麼樣的一個記憶；儲蓄了什麼樣的念頭記憶，就會產生什麼樣的生命型態。所以，念頭很重要，每個念頭就是生命的基因。好好壞壞的念頭，產生好好壞壞的命跟運。

每一個人都有他的業力，這些也就是記憶體檔案的儲存、運用、重組的業力，是這些業力在輪迴著——這是一個比喻，生命的記憶體遠比電腦記憶體檔案作業更複雜，因為它是心念的運作，一切萬有都在其中，如夢而真，如幻而顯。

生命的輪迴使得我跟你的生命關係一直變化著，比如說這一世我是你老師，但下一世說不定我變成你的孩子。人死了以後，靈識、念波會跟著離走，就覺得像作夢一樣，到哪裡去玩啊，玩到有個地方好好玩，就進人家的房子，一進房子就投胎，生下來一看：「哇，怎麼搞的？長得不一樣！」這個外衣，變成鴨子還是狗，「唉呀，穿的衣服不一樣！」

肉體，是靈識的一件衣服，穿的衣服不一樣，狗穿狗衣服，雞穿雞衣服，毛蟲穿毛蟲的衣服，都是靈識的一個結果。不同的靈識有不同的生命境界，心的生態形成不同階層的生命。看你怎麼想，或許，當你也能有這樣的覺察時，也許你的人生就會變彩色的。然而彩色或黑白，根本只是件外衣。

提升生命，要提升靈性的品質。靈性品質提高了，你還可以做人或更好的生命型態；靈性品質低了，就會淪到那個很低階的生命型態。這是輪迴的規律。覺性是平等的，生命狀態是因緣和合的，只是你想了些什麼、做了些什麼，讓你變成了人，或其他的眾生相。所以，能夠遇到佛法，對你提升生命是非常重要而關鍵的。

生命輪迴：憐君入生死

整個宇宙，就是根本的三身佛的世界，每個人也都具足佛的法、報、化三身。但如果不能覺醒，最後還是一報也無，又得進入六道輪迴裡，變成了生生滅滅的，幻有幻無的，浮萍般的妄念。

「輪迴」是佛法裡的根本概念，相應於人對生死的徬徨，也是學佛人要去參的根本大問題。其實，不只學佛的人，應該每個人都要試著去想像，每天都要練習去想像，自己什麼時候會死？會怎麼死去？死——身體功能的結束，就是所有都終結嗎？死了以後，是不是還有覺知？若還有覺知，不曉得會跑到哪裡去？我們必須要趁早探討這個問題，很多的人生看法才會改變。

佛說六道輪迴，都是由我們的心所生的種種；有六種心意識態，構成六種生命世界，不停地輪迴。此外還有「四生九有」，胎、卵、化、濕這「四生」，「九有」就是每一種想法就會是一個眾生相，這些都來自心念的變化。在靈鷲山上，就住著種種眾生。常常有人特地跑來山上照相，我去看他們拍照，鏡頭下，單是蜘蛛就有各種不同的形像品種，小小的蚱蜢也各自姿態。幾百種的不同的形像，各種蟲類都各有生命狀況。

眾生為什麼會產生如此多樣的相呢？這當然是心識的作用。有心意識，就有分別造作，形成不同業力，就生出了萬事萬物，識執著了識所，如此心造識顯，識顯心造。如果你接觸過心理學，心理學家會告訴你，這就是「認識」的過程；

佛家則說「識顯心造」，種種的差別現象，都是由我們的心意識分別造作而來。

在這個大輪迴裡，念頭有想也是眾生，無想也是眾生，非有想、非無想、非想非非想都是。

眾生心念生起分成九種情況，稱為「九有」，而這「九類生」分布成欲界、色界、無色界，正如《金剛經》所說：「所有一切眾生之類，若卵生、若胎生、若濕生、若化生、若有色、若無色、若有想、若無想、若非有想非無想，我皆令入無餘涅槃而滅度之。」

沒有一個念頭是獨存的，沒有一個念頭不是相應眾生的，想要止息輪迴，就是要止息每一個念頭的著相生心。我們的心看到東西，就會貼上去、攀附上去，像鬼附體，心念常常就像鬼魅一樣，去依附了很多的現象，誤認現象就是我們的依靠。

輪迴也是這樣，我們的心念去依靠攀附外在種種，以為這一切外在現象的見聞覺知，就是我們。事實上，能夠攀附在外境上面的「那一個」才是我們的本心。譬如，當你觀看一顆水晶，你用心看到了水晶的模樣，但水晶是不是我們的心呢？如果心長得像水晶，麻煩就大了，要開刀動手術了。我們看花、看水果、看世間、看男男女女，若沒有心識作用，我們看不見，但這些物相的見聞覺知都不是我們。

不垢不淨，不增不減

你說，你要了脫輪迴，不一定要知道這些心識啊、四生九有啊！對啊，我的意思也要你解脫輪迴，首先我就告訴你，對輪迴的想像和怖畏，也是一個念頭的變化，是心識所生出來的。不能明白到這層，了脫生死也不可能了。若你能夠皈依佛，一步步學佛，在生活中去證實，直到證得萬法唯心所造、唯識所顯，也就證得法身。這涅槃寂靜的法身，是徹徹底底離開輪迴道。

涅槃是《心經》裡面講「不生不滅」、「不垢不淨」、「不增不減」的本覺。每個人的覺性本來，就是涅槃，也叫做不死的法身，或無量壽。

第二個叫做報身佛，也叫光明身，或智慧身。光明可以去除黑闇煩惱，無罣無礙。智慧無量的修行者，能夠照見諸法空相——把煩惱根由看得清清楚楚，他知道煩惱都是心識執念，如空中雲影，無實可執。報身的智慧可以照見法身的不滅，也照見了諸法無障無礙，所以是無礙身。

第三個要追求的是化身佛。什麼叫做化身佛呢？就是一切顯化的「有」，都是「真空妙有」。佛的化身其實就是大悲心，大悲應緣，如果擁有一個廣大周遍平等的慈悲心，就是佛的化身。

每個人都具足這三身佛。想想看，追求佛法，如果只是一知半解，也不想瞭解究竟，也不去實踐看看，或是做得神神秘秘、鬼鬼怪怪的，到最後仍渾渾噩噩、煩煩惱惱，不能得到生命的這份永恆見證，得不到明白無惑的智慧身，更得不到一個大悲遍滿、福德智慧的福德身，那就不算是學佛了。

把視野拉遠，整個宇宙，就是根本的三身佛的世界，每個人也具足佛的法、報、化三身。但如果不能覺醒，最後還是一報也無，又得進入輪迴道裡，變成了生生滅滅的，幻有幻無的，浮萍般的妄念。

追求究竟證悟三身佛的成就，不是一生可以完成的。需要生生世世的耕耘，以菩提心灌溉一切眾生，以自覺覺他的心，生生世世行菩薩道，才能夠成就三身佛。

學習佛法，從發心開始，發菩提心，徹底瞭解到自利利他的法則。如果只為自利，那就是證到涅槃，修行就完成了。追求自利成就，能夠了脫生死，斷除煩惱；若要成佛，就要利他成就，就要行菩薩道，從自利涅槃的這個心，再發起利他的心，度化無量無邊的眾生，讓眾生能夠離苦得樂，以這樣的發心，一直不斷耕耘，直到成就遍智的佛陀。

看一切眾生，沉浮在迷惑的筏上，生生死死，忙忙碌碌，無盡煩惱；然而潛心學佛修行時，可以慢慢改變習氣，慢慢減輕煩惱，開啓智慧，一步一步地，我們就知道怎麼讓生命更健康，更幸福，更快樂。而一切修行重點，以發心利他最殊勝，一切善緣才會廣大，究竟利他也是成就佛果時。

勤念佛號，一心相應

努力瞭解前面所説，是不是覺得好難喔？難道不從學佛修行入手，就無法了脱輪迴嗎？佛陀完全明白眾生的難處，祂也很智慧巧妙地留下各種方法，除了心識的透視一途，佛陀留給世人許多的「捷徑」。

其實，這些「捷徑」也沒想像的簡單。我就常跟信眾說，「萬一不開悟，一樣可以到極樂世界去，我們已經先去掛號了。」

我常開玩笑地跟信徒說，不要東修西想，我們直接到淨土那邊去「掛號」，直接跟阿彌陀佛商量妥當。如果平時能夠早上念《普門品》、《金剛經》，晚上念《阿彌陀經》，功德回向往生極樂世界，也是可行的。你會怕流落到哪裡去嗎？不用怕！你記得跟阿彌陀佛每天都要講一講，請祂來接應你。你說：「阿彌陀佛！請不要忘了我，我很糊塗。阿彌陀佛，我如果萬一怎麼樣，就要馬上來啊。」真的！阿彌陀佛不會失信的。有如母憶子，阿彌陀佛看待眾生，都是祂的子女，祂的接引也是一樣真切的。

要是連這樣的功課，還是做不到，另外一個方法，就是臨死那一時刻，一口氣念十聲佛號，只要一心不亂，必蒙佛應。這功夫看似簡單，臨危時心慌意亂，不是容易的事！所以，平常就要多多練習，「南無阿彌陀佛……」一口氣念完，每天也要多念誦佛號，養成一心相應的習慣。要記得！最沒有辦法的時候，一口氣十念，十稱阿彌陀佛就可以了。那是最簡單的法門，再也沒有比這個簡單的了。

念佛是一個法門，不是說念了佛以後，其他的法門都不用學、不用聽，因為法門都有共通性，法門無量誓願學，為了幫助別人，除了一門深入，我們還是要廣學多聞。法門就是要利益眾生用的，利益眾生時，自己也會更圓通。除了念佛，也可配合學習禪修，或是聆聽開示、讀誦經典，多熏習這些前人開悟的智慧。

自由自在，坐脫立亡

修行人到了脫生死境界的話，在死的那一刻，就能夠控制自己，能夠自由自在地死。靈識要離開這個身體的時候，是可以控制的，就像火箭飛上天空時，按對了按鈕，它就飛了。這個掌控靈識飛往哪裡的按鈕，是可以控制的，甚至走了以後再回來的情況，也是有的。

禪宗裡，頗多死去幾天又甦醒的故事。有一個祖師吃飽飯，就說：「我要走了。」徒弟來不及，沒準備啊，他就走了。走了就走了，只好把他放進棺材。徒弟們想念師父，哭到斷了腸。但死去了差不多一、兩天後，這師父又活過來，「噯！你們哭什麼呢？好啦，你們辦齋，我再吃一餐，再走好了。」然後吃一吃、交代事情，他再走了。

生死可以是自由自在的。

還有一個祖師，曾告訴弟子說：「你們躺著走、坐著走的都看過對不對？倒立的死，你們看過嗎？沒看過，我死給你們看。」他倒過來就這樣死掉了。他的身體，幾個大漢扳不倒，要把他放進棺材火化，也不好燒，不曉得該如何處置？因為他雖死了，是下了定力的，定力下去就跟須彌山一樣罩在那邊，輕易無法動彈。他的妹妹也是位成就者，跑來跟他說：「你這個哥哥真奇怪，怪力亂神。你這樣，人家怎麼處理你呢？」他才倒了下來，這叫做「坐脫立亡」。這完全是靠禪修的，沒有禪修功夫是不可能的。要能夠這樣成就，你說有沒有這回事情？功夫到時，你就知道有沒有這樣的事！

共修功德，殊勝念力

念力，是最不可思議的力量。透過大眾的共同發願來修法，是很難得殊勝的功德。當這種時機到來，對需要幫助的眾生，真是千載難逢。

每次，上萬人在法會上齊聲念誦，那個力量，莊嚴震懾，超過一般幫助往生者的隨緣助念。像水陸這樣的大型修法，都是找經驗充足的出家人來念誦，這些法師因為長年修行，心念清淨寂靜，光聽他們念經，內心就可感受到無比清淨安詳，我們若能跟著這些法師共修持誦，很容易進入喜悅安定，念頭在經文的字裡行間，專注相應著，也很容易起信生解，這是自己平常居家散亂心念誦時，不容易做到的感動。誦念時，就是念念解脫，念念歡喜，這樣子共修力量會很大，大眾都法喜充滿。

助念也是最實際的生命關懷。往生者走了，我們誠心地來幫他，幫忙他早日脱離輪迴，往生到更好的地方。助念，念到往生者的心意變柔軟，整個對身體的執著都放鬆了。説來也是靈奇，人死後沒多久，一般身體就變僵硬，但如果有人有機會能幫他念經，引導他們往生極樂，若能這樣引導死亡的靈識，他們就會放鬆，不再覺得死是那麼恐怖，那麼不知所措，死後不知道到哪裡去了。

如果有那麼多人共同幫亡者助念，念阿彌陀佛佛號，念個八個小時以後，念到他心軟、手軟、整身軟，要換衣服的時候都很柔軟。一貫道這麼説：「點道點好，死了之後，就會腳軟手軟。」但是，我們不必點道，只要念「阿彌陀佛」也可以讓手腳都柔軟，像布袋戲偶一樣地手腳柔軟，靈識不再執著這一生的戲袍。

思部——呼喚觀音

不忘初願

從小，聽到觀音菩薩——妙善公主的故事，對那種捨身修道、慈悲度眾的精神生起了信心，決心學習祂這種精神，因此發願，要以觀音菩薩的成就為我畢生的修行目標。因此，「觀音法門」以及〈大悲咒〉一直是我的行持法門。

很小的時候，父親死去，母親也離開了我，我從小就是個孤兒，對於母親就特別有感情，我跟觀音菩薩也一直特別的親，出家後，我的修行就一直是依止觀音法門。

小時候在緬甸，克林奶粉罐上印著一尊彌勒佛，我看著看著，好像在哪裡看過，很熟悉的感覺。那時，一提到佛，我心裡想起的，就是彌勒佛。

來到臺灣，才進學校讀書。從緬甸來的同學裡有的信基督教，有人信緬甸的佛。我有位要好的同學拜觀音，他跟我講起觀音菩薩，都會叫「觀音娘娘」。

這一聲一聲的「觀音娘娘」，讓我內心沒來由地感動，也許觸動了自己從小沒娘沒親的身世，眼淚一直流個不停。從感情面可以這樣看吧。那時在軍中，軍隊裡一個醫官跟我講起觀音菩薩出家、救世、成道的故事，我小小內心裡，深深覺得「這就是我要的」。本來還想學醫去救人，但嚮往著觀音救苦救難的能力，我發誓要學觀音菩薩。我生平收到的第一本佛經，也是《觀世音菩薩普門品》。

觀音法門，其實就是體現觀世音菩薩聞聲救苦的精神，要「深信因果勤行善，為利眾生具佛法」，慈悲喜捨去幫助一切眾生。我就是這樣一路修法、傳法的。

「為利眾生」的意思是只要對眾生是好的，對眾生有利益的，都要去做，還要積極去做，盡心盡力去做，目的是為了度他，究竟度他才能自度。

曾經有則故事說，觀音菩薩救了一個人，但不久怎麼那個人又苦了，所以，就如那句俗語說的，給他魚，不如給他魚竿，教他怎樣釣魚。佛法，就是那根釣竿，讓那個人藉佛法自生善業，就不會再跟苦相應。

為了度眾生，觀音菩薩會化成各種模樣。在「魚籃觀音」的故事裡，觀音化身為提著魚籃的美女，現身在漁村。漁夫們都很喜歡她，想娶她當老婆。她開出了三個條件，一次比一次難！一下要會背《普門品》，通過後要再會背《金剛經》，然後是背《法華經》……後來，全村只剩一個漁夫真的會背《法華經》，美女答應要嫁給她，但在洞房那一晚，女子卻死了。這才有人說，這名女子就是觀音，她是應現度你們去學佛的。因為，只有學佛，才能自生善業。佛法是永續生命的道理，不會只限今生今世。

在生命的循環裡，我們累積了許多改不掉的習慣，習性真的很難改，但習慣改不掉，包準就會有苦頭吃；如果遵照佛法，在正見正念的引導下，往善因善緣善業裡走，才能斷除苦因苦緣苦果，最終得到解脫。

在觀音菩薩千手千眼化身的故事裡，有一回，祂發願要度盡眾生，若有毀願、退失道心，那麼就要身首爆碎成千片。後來，當祂發現度眾生時，眾生不僅是度不勝度，還會隨度隨犯，犯業之速遠不及救度，觀音菩薩頓時心灰意冷，不想幹了，祂的頭因此裂成十片，身體也碎成千片。此時，觀音菩薩的根本上師阿彌陀佛出現來保護祂，將觀音身首碎片重新復原回去，身體千手上各開一眼，令其度眾時，具足般若空性的智眼。觀音菩薩為了感念本師，於頭上頂戴阿彌陀佛像，於是成了十一面，表示不再忘失本願了。

不忘發願，眾生不盡誓不成正覺，這就是觀音菩薩的慈悲。十一面觀音的本咒也就是〈大悲咒〉，短咒是〈六字大明咒〉，都是慈悲與利益眾生的咒，持誦可感應觀音的加持護衛。我們當如此修觀音法門。

觀其音聲，皆得解脱

觀世音菩薩的「觀世音」，就是清楚觀照自身寂靜、明朗無染的覺性，對外在的一切顯化，也能徹底透析空寂，而能行慈悲喜捨。

什麼是觀音法門呢？《觀世音菩薩普門品》説菩薩就是「觀其音聲，皆得解脱」。「觀」分成內觀照與外觀照。

內觀照即是觀照與生俱來的覺性，也就是我們的佛性、空性。菩薩向內觀照，而能安住本來不生不滅的自性。這個自性，每個人都有，我們只要向內觀照，離開諸相，就能觀照清楚這本來不昧、靈明獨耀的自性。

向外觀，即明白一切現象都如幻境，世間皆了不可得，既是苦空，也無常短暫。觀照一切外在，也找不到一個真實不變的「我」的存在。

如此，內外觀照通徹，內明覺，外如幻，一切苦厄也只是因緣，沒有實質。所以我們稱觀音菩薩是「圓通大士」。

觀音菩薩如此圓通，為度化一切執迷輪迴的眾生，生起慈悲心，才顯化無盡。這份救苦救難的心意，也不是一開始眾生都領受，也要有善巧方法，才得接近眾生，並利益到他們。首先廣行「四攝法」，四攝法即布施攝、愛語攝、利行攝、同事攝，學習用布施、愛語，用種種的行為去利他，同事在一起工作生活，一步步來接引眾生離苦得樂。意思就是在這個娑婆世界裡，我們要善用這些柔軟的身語心行，善巧地接近眾生、引導眾生，才能讓他終究體會短暫、無常、苦、空、無我的現象，心甘情願脫離這些折磨身心的業。觀音菩薩一直這樣巧妙接引著眾生。

「觀世音」名號，顧名思義，就是清楚觀照到這內在寂靜、萬籟俱寂的本質，照見這明朗無染的覺性。在這種明朗無染的覺性下，對外在的一切顯化，也能徹底透析空寂，而能行慈悲喜捨，讓眾生具足無苦之樂；用這種無量的清淨發心，來實踐祂度脫眾生的承諾。

「菩薩」的意思，就是「覺有情」，覺悟一切的有情，開導一切眾生離苦得樂。要離苦，要知道苦為何物？一切的眾生因為迷惑，產生錯知錯覺、造業起惑而生苦，這個道理，好比就像戴著有色眼鏡看世界，怎麼看都不對，只要把這些錯誤的知見去除，還原本覺，即可離苦得樂。所以「菩薩」的本意，就是「覺悟」

一切有情的眾生；如同《華嚴經．普賢行願品》內提到，用大悲的法水來長養我們的菩提心，而能成就正覺，這即是「大悲水」的真實義。

事實上，我們要成就正覺、成就佛，就是歷練這個覺悟的過程。這個成佛的過程中，首先要有慈悲心，才能與眾生共鳴，取得信任，我們才能夠真正的利益到眾生，最後達成我們的目標。

修習觀音法門，要記得常憶念觀音菩薩的身、口、意——「身」，觀音菩薩的身教做什麼？觀音菩薩的「口」在說什麼？觀音菩薩的「意」做什麼？我們依照觀音菩薩的身、口、意來實踐祂的教法，這樣時時刻刻去觀照實修，我們很容易就感應到觀音菩薩的福德智慧，跟隨觀音菩薩一樣地成就。

修行是一條漫長困難的道路，如果願力、實踐跟觀音菩薩一樣，我們就證悟跟觀音菩薩一樣的果位。我們生的時候，行觀音菩薩的慈悲喜捨，當我們往生的時候，我們到觀音菩薩的淨土，所以，我們就等於觀音菩薩的一個化身。

當從佛經中學習「觀音法門」，在《大藏經》中，有許多觀音菩薩教化的經文，我們如何理解運用呢？當我們有苦有難的時候，最相應的是「千處祈求千處應，苦海常作渡人舟」，這句家喻户曉，溫暖了每一個眾生，讓我們感到永恆的依偎，感到菩薩不離不棄的照應。

人們常持誦《普門品》來回向解冤釋結、所求如願，是大家隨身最親切的護身寶典，也是流傳最普遍的一部經。其中開示有持誦的殊勝功德，常常持誦《普門品》能讓我們在苦難當中，獲得離苦的靈感；讓我們飄泊無依時，得到解脱的靈感。希望大家如是念誦、祈求、發心，讓我們的苦難、災難都能夠得到化解消弭。

普傳的觀音法門，還有一部《千手千眼觀世音菩薩廣大圓滿無礙大悲心陀羅尼經》，傳法的地點是普陀洛迦山的觀世音寶殿，是由觀音菩薩親自述說自身成就的一個經典。

觀音菩薩說，在無量劫以前，有佛名為「千光王靜住如來」，傳授祂〈大悲咒〉，傳法之後，觀音菩薩從初地菩薩，立刻登到第八地菩薩，得不退轉位。祂當時發誓說：「如果我未來能夠利益眾生，安樂一切眾生的話，就讓我身上生出千手千眼。」這時大地震動，十方佛放光加持，觀音菩薩立刻具足千手千眼。自此之後，祂依照這個法門，超越無數億劫的生與死，所到之處都是蓮花化身。也就是說，觀音菩薩在受法以後，祂就開始有無量的化身，然後一起來度脫苦難的眾生。千眼代表祂可以智慧統御，千手代表巧妙接引的助力，觀音因為累劫願力實修，而擁有巨大的統領威德與善巧助力。所以，我們每一個發心持誦〈大悲咒〉的人，能夠實修觀音法門的人，也都成為觀音菩薩的千手千眼。

柔美的觀音

可以說，我這一生修行至今，不曾間斷修持的法門即是〈大悲咒〉，後來有機會修學了很多的法門，但始終不曾放棄〈大悲咒〉。

我跟觀音的因緣，不止於今生。

十五歲時，那位軍醫也是我的觀音緣。他告訴我觀音菩薩的故事，還送我一本課誦本，教我如何誦持〈大悲咒〉，那是我今生第一次聽聞觀音菩薩的故事，那種感動，至今深刻，幾乎只要想到觀音，內心就震動不已，那種發自內心想要跟隨祂、發出像祂一樣救苦救難的動力。我這一生，從此也和〈大悲咒〉結下了不解之緣。

多年後，我孤獨在墓地苦修，有多次與幽冥眾生接觸的經驗。每當修行到一個定境時，常常會出現一種心電感應，有時會聽到淒苦的哭聲，那是一種頻率，撥弄著心弦，酸徹心扉，讓你會忍不住跟著鼻酸落淚。有時是腳步聲，有時是開門聲，好像有「誰」不時好奇著，前來探看我這個光頭的和尚坐在那裡，一動也不動，究竟在做什麼？

有一次，我耳聞一個哭聲特別淒厲的幽魂，悲苦無告，讓我內心不忍，便發心持誦〈大悲咒〉回向給他，那哭聲，真的就停息了。所以後來，每當他們發出「求助」的心念時，我就誦持〈大悲咒〉。我在內心深深發願著，今生一定要度化他們。來到靈鷲山以後，我還是每天持誦〈大悲咒〉，每月還要啓建一場「圓滿施食法會」，緣起即此。

可以說，我這一生修行，不曾間斷的即是〈大悲咒〉，雖然有機會修學很多的教法，但始終不曾放棄〈大悲咒〉。

〈大悲咒〉真是很奇妙的咒，是我最親、最愛、最好相處的一個咒語。不論是誰，若能精進不懈，一定可以修持到感應，修持到有驗相覺受，修持到把大悲心發出來，修持到不再起無明煩惱，善緣廣大而圓滿。

持誦〈大悲咒〉前，要先念「南無大慈大悲觀世音菩薩」，三稱。一天固定念誦，能夠消除無量劫的罪障。或者每天早上二十一遍，下午二十一遍，這是一種持誦法。第二種就是早上一百零八遍，晚上一百零八遍，這是第二種持誦法。第三種持誦法是隨時隨處持誦，一天到晚不間斷持誦。不管哪一種持誦法，只要一心專精，持續下去，就會感應，甚至即身可證到，從初地到十地不等的菩薩果位，都沒有問題。

現代人生活忙碌，可能沒那麼多時間，專心度也不夠，但真心要開始修行觀音菩薩〈大悲咒〉法門，至少一天早晚持誦各二十一遍，念誦時要好好專心。如果說抽不出時間，我們應該審查自己的時間管理，安排優先順序吧！我們在世間，為了賺錢，就花了很多時間，何況為了這種了脫生死、解脫輪迴的根本大事，當然更值得花時間才是。要是時間不許可，真是做不來早晚各一百零八遍，至少早晚四十九遍、二十一遍，都是基本應該的。

持誦〈大悲咒〉，有什麼好處呢？第一是所求如願。第二是隨願往生，你要往生哪一佛國報土都可以，不想要出生別個國土也沒關係，出生這個娑婆世界也好，也都會有很廣大的善緣。第三是修行證果，在我們這一生中精進修行，必能證得道果聖位。

平常有空就要習慣誦念〈大悲咒〉，或是短咒「嗡・嘛呢・唄咩・吽」。早上如果時間少，就念誦一部《普門品》，多一點時間的話，就再加念《金剛經》。晚上念誦《阿彌陀經》回向。要養成習慣。這樣就是每日的修行課誦。

《普門品》是祈求平安的經典，《金剛經》則是開悟智慧的經典，《阿彌陀經》是我們一心皈依的淨土。我們未來到哪裡去才好呢？《阿彌陀經》可以引導我們到一處極善極樂的美好地方——叫做極樂世界。當我們此生生命結束，就一心歸命到觀世音菩薩的報土，一心往生到阿彌陀佛的西方淨土去。只要發願好好地修持觀音法門，跟著觀音菩薩的願力走，未來一定有善果。

跟貓一樣的禪

聽寂靜，是你的肉團心去聽？你的攀緣心去聽？還是你的靈覺心去聽？三個心，是用哪一個心在聽？

許多人看我打坐，維持著盤坐的姿勢，可以坐很久，愈坐身心愈覺暢快；他們告訴我，怎樣也做不到。我就說過來人的經驗給他們鼓勵。其實，禪修打坐，既要講究方法，也要調整態度。

初期，熬腿功是一定的。兩條腿痠、痲、脹、痛、癢，什麼滋味都有。初學打坐者，因此坐不住，影響到專注力，一下子覺得這腿不太適應，背部不太適應，等一下連腰也不太適應，一打坐，整個身體都起了作用，渾身不對勁，很難熬。但這都是很正常的。

身體若無法調柔安住，專注力無法集中，打坐就不得力，用不上功夫。所以剛開始練習禪坐，幾乎都在應付身體的各種反應。痛歸痛，調歸調，身心交戰，反來覆去，百般折磨，還是要想盡辦法降伏，維持專一，調柔這些身體的障礙。打坐放鬆時，皮膚的毛細孔會打開，氣脈運行時會覺得癢脹痠痛，這些身體反應，是初期禪坐最擾人的麻煩。

盤腳，要慢慢練。我以前剛練打坐時，兩個腿盤上去，就讓它麻、讓它痠、讓它脹、讓它痛，然後從第一個胯、第一個關節開始痛，痛沿著關節漫上身體，全身都痛到難耐。但念頭愈緊張，痛楚就愈強，所以要把念頭放下，痛楚也會鬆開。都是要這樣練習。如果能坐二十分鐘，過得了關，那麼可以坐四十分鐘；四十分鐘可以過得去，就可以過八十分鐘；八十分鐘一過，你的打坐時間就可以再加長一倍，那是氣脈運行的必然狀況。

現代人參加禪修的方式，要求愈來愈多，要方便舒適，圖個樣子，有時連心態都沒有準備好，當然不太有人還願意去嘗試我當年這個老實打坐的笨方法。我們讀「祖師偈」，古代禪宗祖師修行時，常用石磨壓住雙腿，就這樣坐，讓氣血通。很多祖師的時代，不是像我們現在這樣子方便，他們一樣大成就，沒有問題。

平常打坐，能坐到三、四個小時，就算難得了，那些成就者卻一坐就是一、兩年，像達摩祖師一坐就九年，也沒有吃飯。禪宗的祖師，大部分不是躺下來睡覺的，就這樣坐著，坐破幾個蒲團，甚至臨終都還是坐姿。這就叫做「坐脫立亡」，死的時候不一定要躺平，什麼姿勢都可以死。

慢禪細功，一切放輕

打坐，還是可以隨時練習精進的。譬如，像我從臺北坐火車去高雄，就盡量不下座，在火車上可以扳腳。所以熬腿功，都是這樣熬練出來的，後來腿也不會出現怎麼樣的大毛病。但記得就是要把腳蓋好，不要被風吹到。而且不要快速地下座，要慢慢來、慢慢來、慢慢來。在練習打坐時，一切動作切記要慢，如果要接電話也要慢慢的，不要電話一響，馬上就起身去接，那很容易會出狀況。這下座，要慢慢下，電話慢慢聽，慢慢講，什麼動作都要慢下來。

我們山裡的徒弟剛來時，若過去沒有禪修的好功夫，開關門都很大聲，什麼動作都很粗魯，弄出很大聲，坐下來呢，桌子、椅子也都很大聲，因為沒有禪修的功夫。禪的功夫就是輕、慢、穩，做到跟貓差不多的，動作輕巧，沒有任何聲音。如果，你到出家人的道場，聽起來卻像個菜市場，叮叮咚咚、叮叮咚咚，那就是還沒有做好禪修功夫。

我們學習禪修，一切放輕。

輕表示你的心不粗魯。禪修的人，把粗魯的心慢慢地變成細柔。殺、盜、淫、妄、酒，這些都是很粗暴、粗魯的業；粗魯就是一種衝動。要如何讓自己隨時隨地不衝動？讓心念維持柔和，調柔自己的心，進入微乎其微的心念？就是禪的功夫。

坐禪絕對不是受苦、受難，坐禪是會快樂的，當然腳的氣血通了，也會很快樂，這點是很重要的。事實上腳的氣血通一次，你就會快樂一次，到最後腳不太痛時，你的禪修已算有點小成就了。一旦把身體調柔好了，氣血也差不多調得順暢，坐下來，一放鬆，就很舒服，舒服到想睡覺，睡了好幾個小時都不知道。所以接下來的打坐階段，還要進一步克服更多問題，包括昏沉散亂的心。

打坐的目的是什麼？比如說，禪修打坐的廣告會說可以身體健康，促進血液循環，整個來說，還能夠去除一切躁鬱。現在這個世界資訊多、煩惱多、妄想多，卻迷失了自性，我們現在就是要找回自己、安住自己。我們學打坐，就如雞抱蛋一樣期待、等待，看能不能抱出什麼名堂？一直專注下去，看會發生什麼事情？

用心聽心，六大皆空

初學者，打坐是這個身體在坐；久坐一些，就會出現六大變化——地、水、火、風、空、識——每個元素都有些反應。「水」是濕溽性。「火」是熱燥性。「風」是流動性。「地」就是穩定性或堅固性。「空」是虛空性，這個空就會坐到好像沒有自己了。那麼「識」呢，就會有種種幻境、起心造作。都屬禪坐時身心的變化作用。

沒有沉靜下來，無法發現覺性的存在，我們也只知道身體的存在，從生到死這段期間，身體主宰我們，變成我們的主人，種種的苦、種種的執著、種種的業力，都從有身而有心，有心而有種種的差別對待，種種的煩惱。

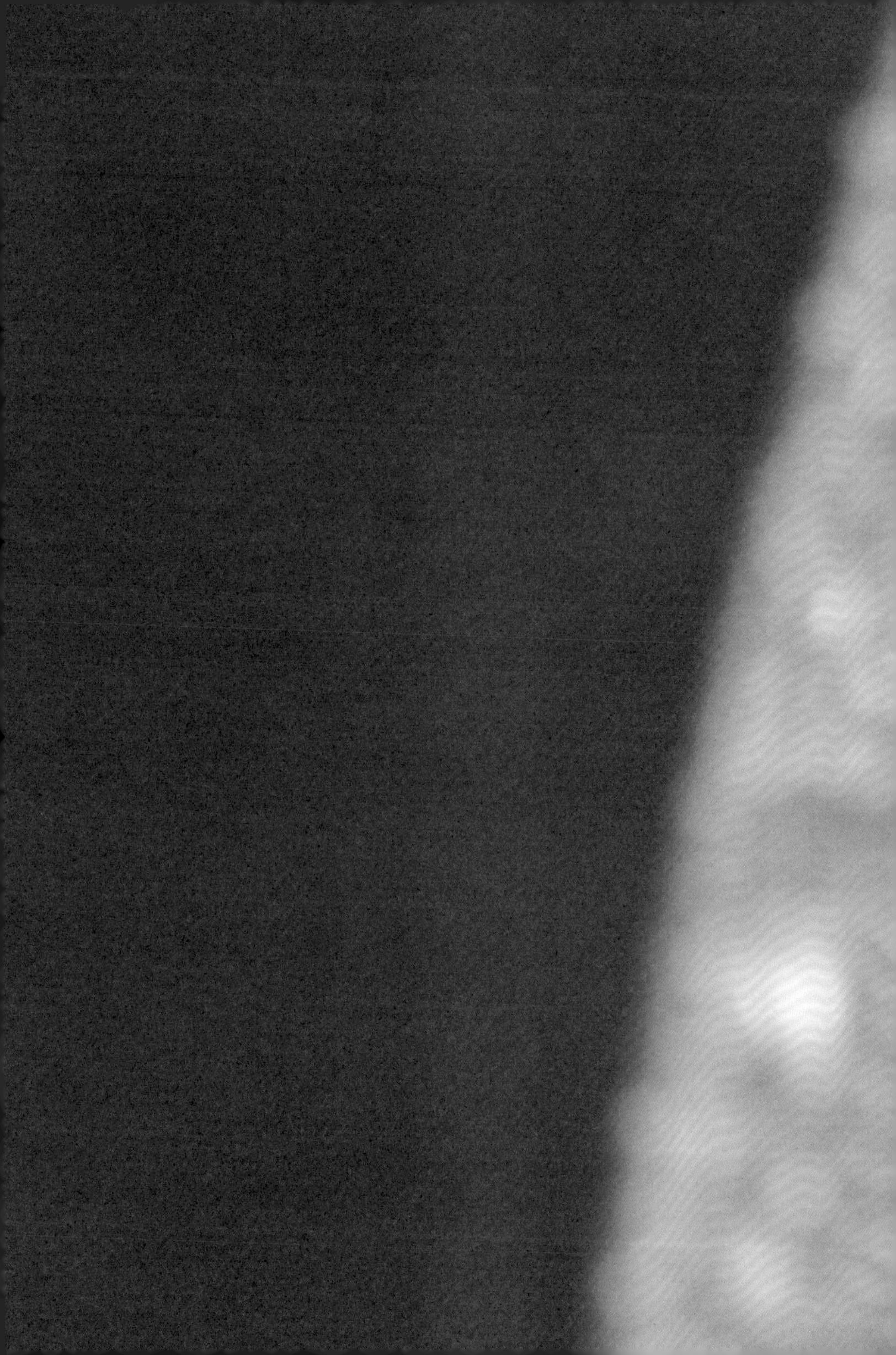

我把禪修分成四個修行步驟。首先，從轉換呼吸開始。我們吃的東西沒有消化乾淨，殘留在體內，會有一些餘氣、濁氣，所以調身以後，我們就從深呼吸開始，把這些留在體內的廢氣濁氣轉換掉。這些濁氣裡面有一種自由基，沒有排除會致病，所以先要做吐納——就是深層的吸氣、吐氣，可以把外面的好氣吸進來，讓身體充氧，全身細胞都充氧，把壞的氣吐出去；做了七次以後，我們就會比較有精神。

再來，第二步驟是內視的法門，要你練習專注。眼觀鼻、鼻觀嘴、嘴觀心，這是一個引導內視的功夫。鼻觀嘴怎麼觀？鼻子也沒有長眼睛，怎麼觀嘴巴？嘴巴也沒有長眼睛，嘴巴怎麼觀心？事實上，眼觀鼻、鼻觀嘴、嘴觀心，這就是內視的過程，是專注力的訓練。注意力從眼睛轉到鼻，到嘴，到心，然後，心無所

觀，保持心的覺知清楚，

沒有執著。都是一心在做這些工作。眼觀鼻、鼻觀嘴、嘴觀心、心無所觀。

從這個流程裡面，我們快速地讓自己的「心」統一。

接著，第三個步驟是呼吸法，專注出入息，把注意力放在鼻頭到人中的這個位置，專注這裡出入息呼吸，清楚地覺知這裡出入息變化。這也是一個訓練心的專注到淨化的工作。從呼吸的專注裡面，淨化內心的一種粗混的覺受。

第四個步驟從出入息的覺知，回到「寂靜修」，即是「耳根圓通」。那要教大家聽什麼呢？

聽！安靜下來的聲音——無聲之聲。

靈鷲山裡的僧眾，每年有春夏秋冬四次閉關，其中有二十一天的禪修，這樣的訓練，還是一個基本功夫。二十一天禪，其實是不夠的，他們也常覺得不足，以後看情況會再加長關期。平常的禪修道場，七天、二十一天、四十九天、一百零八天，這都是很正常的循環。

但是在這個資訊時代，在家人士能有這種時間，真是夢寐難求，所以只要能禪修一天或三天，就已經非常可貴了。一般人或許趁放年假，可能可以作七天、二十一天。其實，禪修最重要還在平常生活中去做，讓自己習慣禪修，行住坐臥都不忘禪修。

打坐，要找回我們的本來面目，本來面目的主體就是「心」，如果我們不在主體上下功夫，可能還要花很長的摸索時間。聽寂靜，是你的肉團心去聽？你的攀緣心去聽？還是你的靈覺心去聽？三個心，是用哪一個心在聽？我們從這裡慢慢體察、分析、參悟，慢慢理解，用心去聽，什麼是真心。

受想行識，亦復如是

標準的打坐坐姿有單盤，或者雙盤，但對初學者，散盤即可，還有跪坐都可以，主要是這樣的坐姿，有利於身心安定專注。盤腿時，腳痠了換一換，也是可以的，但動作要輕緩慢。禪修法門頗多，也有的從瑜伽進去，有各種法門，皆可進入不同領域的禪定。

最重要的，佛教講究一個「沒有境界的境界」。只要有境界呢，心就有所執著，有所束縛。任何一個境界都是相對的，心跟境是相對的存在，就是一個生滅的境界。

禪，追求絕對的境界。絕對的境界，就是沒有對立、沒有生滅的心境。

如何讓我們的心進入這種沒有對立的心境？需要訓練，矯正觀念，矯正到我們的心念跟一切的萬象萬物相伴卻不隨。我們禪門常常講一句話「不以萬法為侶」，就是怎麼樣讓心與萬法在一起而又不是侶；既不是伴侶，也不與為敵。

那麼靈性的境界呢？當我們在意識的活動裡面，產生有意識、無意識的種種變化，這種變化也是生生滅滅的。《心經》裡說心要得到自在，就是觀照一切而得自在，就要行深，觀自在就是行深般若波羅蜜多。什麼叫做般若波羅蜜多呢？就是觀照因緣空的智慧，深深踐行這樣的觀照。如果因緣不空，我們就沒有辦法觀照自在，所以，般若波羅蜜多，就是觀照因緣空的一個境界。

《心經》說「照見五蘊皆空」，五蘊就是色、受、想、行、識，就是我們成為一個人的基本元素。若能依般若波羅蜜多，透視因緣空，五蘊皆是因緣空，那麼，我們雖然在五蘊的變化裡面，卻可以不受五蘊之苦惱——五蘊熾盛苦；照見五蘊因緣皆空，從這個角度去觀照，才能度一切苦厄。

「色不異空，空不異色」講的就是，如何在相對的世界裡面，看到如實的絕對？那麼就是「色不異空，空不異色；色即是空，空即是色」。從因緣空的角度去看，那麼它是「色不異空、空不異色」；從究竟絕對面來講是「色即是空、空即是色」。《心經》繼續說「受想行識，亦復如是」，就是說「色蘊」如此，「受、想、行、識」這四蘊也是如此。意思是說，我們一切生活知覺、五蘊感官的變化裡面，整體身心世界，從空有兩邊觀照起來，都是通徹無礙，知覺就在這裡決定了覺迷之路。所以，修行不但是從內在，也從外在，照見五蘊皆空，才能度一切的妄念執著之苦、五蘊熾盛之苦。

般若智慧，觀因緣空

觀照一切以後，是什麼情況呢？那就是體證空相。這個空相「不生不滅、不垢不淨、不增不減」，也就是我們的靈性，一切的本質。既然觀到五蘊空，一路再觀照下去，無六根「眼耳鼻舌身意」，無六塵「色聲香味觸法」。既空六根，空六塵，當然也空六識，無眼界，也無耳界、無鼻界、無舌界、無身界，乃至無意識界。

因為觀因緣空的關係，觀照到無十二因緣，亦無十二因緣盡，所以無無明，亦無無明盡，乃至無老死，亦無老死盡。再觀照無苦集滅道四聖諦，一路深觀，一直到這些有為法空盡了；法尚應捨何況非法，乃至無智亦無得。因為一直做般若波羅蜜多的觀照，最後顯現無所得的究竟智慧。在無所得的智慧裡面，我們發心做度有情的工作，發心做不退轉的菩薩。我們依照這樣的智慧，觀照因緣空，所以能心無罣礙，所以沒有恐怖，遠離顛倒夢想，成就最終的聖果。

這是三世諸佛依循而成就的深行觀。三世諸佛——過去、現在、未來的諸佛——都是依照這個般若波羅蜜多，所以才得到正等正覺的。般若波羅蜜多就是這不二的智慧，它是一個很靈感的能力，是大空明的能力，是不惑的能力，也是一個最神聖的能力、無可比擬的能力。有了這能力，就能去除一切苦厄，這是真實不虛的證明。

行深般若波羅蜜多，照見五蘊因緣空，貫徹去做，就是觀音菩薩的修行核心。我們禪修，也是依止這個智慧。無論是哪個法門，最後都是為了能達到這種究竟覺。般若波羅蜜多這種力量，總括就是說，依止空性智慧去行持，覺悟有情，成就眾生，也是我們要依循而修的觀音法門。

《心經》是最重要的修行核心，可以說是三藏十二部的關鍵，入法界的鑰匙，所以這裡先簡單講，另外別列一書（編者注：此書為《心經直契》，奇異果文創二〇一七年出版），專門來講。

拿心安心，打破虛空

禪是什麼？就是安心。

怎麼安心？你看二祖跟達摩祖師碰面時，達摩祖師在洞內，二祖去請法，天下大雪，積雪甚深，達摩也不出來。於是他斷臂，求達摩祖師出來指點他。達摩祖師出來以後，二祖說心不安，請示安心之法。

達摩祖師怎麼說呢？「把心拿出來，我來幫你安。」他說：「找心找不到。」達摩祖師說：「我已經把你安心了。」——找不到心。安了心。這是印心。

這公案聽起來，很玄奇，都是心裡戲。事實上「覓心了不可得」，心的本來是無相、無念、無執，心住心位，無頭無尾，當然無從找起！我們要從什麼地方去找呢？還是有方法的。我的方法就叫做「寂靜修」，聽無聲之聲。聽一個指頭的聲音。

一個指頭會有聲音嗎？無聲之聲。

我常常講禪宗第七祖馬祖道一的故事。當懷讓禪師傳給他法以後，他發願回去故鄉傳法：「我要度故鄉的人。」到了家鄉，鄉民都很好奇，統統都來了，一看之下，這是誰呢？這個人大家都認識，他就是馬畚箕的兒子，不稀奇！所以他們又統統回去了，都不信他那一套。

馬祖道一眼見家鄉人不信他，想要離開了。他的嫂嫂卻跪下來求他：「教我一個法。」馬祖道一說：「我們家鄉沒有一個信我的，我不要傳。」她跪求了半天，他說：「好啦，我就教你一個法。」

古時候都是大家庭，煮飯做菜要在廚房，很少跑得出來，他想嫂嫂一定很辛苦，忙著做飯、做菜、帶孩子。他說：「你用個稻草綁一個蛋，在你煮飯、做菜時，用心聽、天天聽，聽那個蛋有一天跟你講話的時候，你就得道了。」

「好。」這嫂嫂老老實實一共聽了十年，那個就叫「寂靜修」。那個蛋，十年都掛在那裡，她就天天做事、天天聽，做事也在聽，走路也在聽，帶孩子也在聽，就是專注聽，怕那個蛋講話的時候，她沒有聽到，沒有機會得道。

十年當中，都是這樣聽而已。那個蛋只用稻草綁著，十年過去腐蝕了，有一天，繩斷了，蛋掉下來，碰一聲，真的跟她講話──「打破虛空笑滿腮」──她就得道了。功夫在聽那個無聲之聲，聽！那個沒有聲音的聲音。

在內心的發光處

改變仍舊是可能的，在成塊的黑暗後層等待你，如一枚小小的善種子。

唐朝有個道林禪師是位奇人，他不住在廟裡，卻在樹上做了個窩，所以人稱鳥巢禪師。

有一天，詩人白居易來拜訪他，好奇問：「師父啊，您這樣太危險了啊？」

鳥巢禪師答道：「我住樹上不危險，倒是你還比較危險。」

白居易說：「我在當朝做官，有什麼危險的呢？」

鳥巢禪師說：「官場內勾心鬥角，險象環生，你深陷其內，難道不危險嗎？」

聰慧的白居易一聽，頓時起了悟心，知道遇見了明師，便請問佛法大義。

鳥巢禪師答道：「諸惡莫作，眾善奉行。」白居易聽了有些失望，「這句話三歲小兒也懂得。」

鳥巢禪師正色回答：「三歲小兒雖懂得，八十老翁行不得。」

這樁禪門裡非常有名的對話，其實還有兩句，大家比較忽略的是後面兩句，「自淨其意，是諸佛教。」這四句話加起來，就是〈七佛通戒偈〉，是過去七佛對弟子的共通教誡，也是佛法的總綱。每個人常在內心憶念這四句，遇到因緣抉擇時會警醒，內心才有依準處。

其中，「自淨其意」更是修行要訣，那是將紛亂嘈雜的心安住，讓心從煩惱中沉澱，回到原點，讓明覺顯現出來，無明黑暗就會消去。

自淨其意，是諸佛教

大家都明白這個淺顯的道理，但在妄念相擾的生活裡，我們心中原本的清明覺知，是不是常常混沌流浪了呢？一直以來，信眾們來看我，都是帶著他們自身的，還有六親眷屬的問題而來，從婚姻、事業、子女、財富到憂鬱症，什麼身心狀況、人事問題都有，似乎人生處處都是跨越不過去的難關，望過去生命裡有說不完的苦，道不盡的愁；有時有苦還說不清、說不得。總結問題的根源，都在心。他們來到我面前，好不容易願意跟我分享，讓我聆聽他們，給些建議。

有人為外遇所苦，坦誠不知何去何從；有人為魚與熊掌的選擇陷入兩難；也有人是一個接一個的換外遇對象，卻也不想走上離婚的絕路。婚姻是夫妻關係的條件，缺少條件感情就會不安定，我總會勸他們一定要固定下來，伴侶固定了，心才會跟著安定；心安定後，生活才更能有安定的處境。

很多人出現腦神經衰弱，也來找我，這時我不僅是宗教師，也具心靈諮商的角色。身心問題第一期症狀常常是頭痛，不能思考，我會要他們去休息。第二期，會覺得有兩、三個人在跟他說話；到了第三期，有了精神分裂症的徵兆，有「很多人」在跟他説話。他們來找我，覺得那是外魔，會要我為他們加持，其實不管外魔內魔，這都是因為內在妄念執著所導致……

我會根據每個人的情況，建議他們各自做功課回向，包括念經，有《金剛經》、《普門品》或是去拜《水懺》等等，有時，也勸他們去參加佛事、共修。嚴重的精神分裂症患者，已無法專心念經，也不能聽進去勸説，需要靠藥物控制，我也會勸他們還是要「好好地吃藥」。大部分講得通的、相信我勸說的人，都能尋找到好的改善，就能出現療癒的預期效果；如果不信不聽，難以進言，效果也就不好。

人們生命中的考驗，都是心念導致，並非外來。「自淨其意」看似平常話，卻是通用一切時空的生活口訣，其他佛事功課，都是助緣而已。

無明冰封，和諧善業

人們想靠祖師禪師的加持力量來改變什麼，總是外求，不知反求諸己，一切具足。

「改變」來自三個前提。第一，要相信，無論再如何傍徨、煩惱、無明、冰封的心，你自己是可以改變的。第二，改變不會憑空來到。只要願意相信、願意開放，就會有改變的因緣。第三，誠心正意祈請，一定會有善知識陪伴你，給你適當的引導。

讓我們一起來嘗試作「改變」。

〈七佛通戒偈〉「自淨其意」裡的這個「意」，就是自己當下的心，讓心「和諧」與「善」，就是「淨化」。當我們所作為的一切都歸於善，歸於和諧，所有興作的業都是善業，念頭是善的，生活是善的，讓一切相應於和諧柔軟的慈悲心，不再跟外在爭鬥，當然，也不再跟自己爭鬥。

要怎樣才能離苦呢？可以學禪！禪，就是回歸真心和諧。返回到「不思善、不思惡」的原點吧。眾生會苦，都是因為先種下了苦因，才會得到苦果，好比說，當看到別人比自己做得好而生起嫉妒心，最後苦惱的還是自己。眾生會苦，就是被種種的惡業習氣的黑影蒙蔽，種種的苦惱就顯現在婚姻、事業、家庭中，人際關係也產生數不清的煩惱，甚至惡化為文明之病的憂鬱症和躁鬱症。

但是，改變是可能的。一念真心遍三千。即使在成塊的黑暗後層等待你，真心如一枚小小的善種子。我常想向這個憂暗過了頭的世界呼喊：「讓光亮顯現出來吧。」

自淨其意，就從內心的發光處開始你的改變。

正念清淨，自結善緣

有一次，有一個信徒起了乩，對我說：「師父，有人叫我起乩，要我去做些什麼啦。」我說，不是起乩好不好的問題，我要說的是，我們沒起乩的時候，是自己做自己的主；起乩了之後，就是別人做的主。你這輩子當乩童，下輩子你還是當乩童，這種子一旦種下去，可能每一世就都難以脫離。

這信徒說：「師父，可是我壓制不住啊，他們想要上我的身，就會上，非要我做不可。」我說：「那你就要忍呀，咬緊牙關不讓自己起乩啊。這輩子就是要有決心不當乩童，下輩子才不會有這個種子。你這輩子一直做、一直習慣，沒完沒了。這個乩身說的話，有時候很準，有時候只是瞎猜而已；準的時候準，失準的時候一點確定性都沒有。講對的時候，算你運氣；講錯的時候，那你的因果不就糟糕了？可就得替別人背負業障。」所以我跟他說，一定得忍著點。

我們民間很多相信起乩，有很多會起乩，有些時候很容易走火入魔，他們還是來皈依佛門才能安心，我就開始教他們佛法，教他們學習安頓身心。

我住在宜蘭龍潭時，有一個信徒被金母附身（註：金母娘娘，又稱王母娘娘），鬧起來時，只穿了一件三角褲，就跑到神明的面前坐，坐在那裡看來來往往的人。結果，怪事就來了！他就「被神明抓起來」塞進桌子底下。那張桌底很狹小，他的頭塞進去後，根本拔不出來。

他跟我說：「師父，我一向不信邪的，但是把我的頭塞在那裡，拔都拔不出來耶。」我就說：「你呀，現在要趕緊來學佛，才能脫離。你自己要想改變，才能改變，你自己就可以化解，不然誰也拿你沒辦法。」

所以，佛教所重視的是正見，有正見正念，才有正確的行為；有了正確的行為，才有正確的生活，不會造業，才有清淨自在的生存。

口業清淨、身業清淨、意業清淨，三業清淨，才不會惹是生非，清清爽爽的，不會糾纏不清。否則，隨時隨處都是糾纏不清的狀態。好像一些冤家路窄的夫妻，住一起，每天吵架，晚上吵，早上上班，下了班回家又開始吵，吵完睡覺，隔天又再去上班，你看，每天都這樣循環，怎麼受得了！因為彼此業的糾葛，想離婚又離不了、想逃也逃不了，還得互相受氣。比如那耕田的老牛一樣，這麼從小到大，就是替人犁田的業，你說逃走就好了嘛？就是跑不了，業報就是這樣。

你看，有些孩子就是不聽話、折磨人，沒賺錢又好惹事，惹了事之後，父母還要去幫他道歉、賠錢，回到家還會拿刀、拿槍恐嚇，搞不好還會被他砍一刀。就是冤冤相報啊。我們如果沒學佛，就不懂因果，也不知如何去解惡緣、結善緣，而會一再產生冤業，這些冤業糾纏不清，這輩子運氣好沒遇上，下輩子也跑不掉，總是一次會遇到，因為惡因已造。

體現觀音，累生無悔

我前面有提過佛法僧三寶，我們最珍貴的寶。

我們向來以為鑽石、黃金都是寶，這些寶是無常的。人生最珍貴的寶，就是佛法僧。佛就是覺醒的意思，就像我們平常在睡覺，然後醒了。睡覺時，很多事情你覺得無能為力；醒的時候，你就可以判斷，可以決定該如何處理事情。所以，睡覺的時候就是迷了；醒了，就是叫做悟了。所以我們學習佛法，就是保持時時覺醒。

人生在這個世間常常迷惑不已——迷在煩惱、貪瞋癡慢疑。如何能夠覺悟，不沉溺在迷惑裡面？那就要覺醒。佛就是覺醒的典範，萬德莊嚴，一切慈悲和智慧已達頂峰，得到福慧兩具足，兩種圓滿。

福慧具足，並不是今生做了幾件好事就算數了。佛生生世世都用身儀、用生命來做服務的。有的時候把生命捨給別人，有的時候化身做了人家的老婆，然後服侍公婆，當窮到沒辦法吃飽，她會割肉給公婆吃。佛是這樣子捨身在做服務，生生世世，祂在算不盡的生命裡，這樣奉獻給一切的眾生父母。

我最親的觀世音菩薩，也是如此無畏化現、服務世人的。在《大佛頂首楞嚴經》裡，說祂修行耳根圓通法門，獲二殊勝後，「身成三十二應，入諸國土。」「若諸菩薩入三摩地，進修無漏，勝解現圓，我現佛身而為說法，令其解脱。若諸有學，寂靜妙明，勝妙現圓，我於彼前，現獨覺身而為說法，令其解脱。」觀音菩薩還現過緣覺身、聲聞身、梵王身、帝釋身、自在天身、大自在天身、天大將軍等身，乃至人王身、長者身、婦女身、比丘、比丘尼身等等，依據眾生的根性和習氣，而現出種種能和各種眾生相應之身儀，來作為接引的方便。

觀音菩薩說：「我復以此，聞熏聞修，金剛三昧，無作妙力，與諸十方三世，六道一切眾生，同悲仰故，令諸眾生，於我身心，獲十四種無畏功德。」

哪一個人能這樣做到呢？體現佛和觀音的心意，每一生、每一世，生生世世都是這樣子無怨無悔、奉獻生命給一切眾生。所以，祂的福德無量無邊。無量的智慧，無量的壽命，生命裡面最圓滿的，就是佛。未學佛法前，人迷迷糊糊、含糊籠統地過日子；學習佛法，才有機會改變習氣的輪迴，離苦得樂。我們要向佛學習三樣事物，第一寶是「佛」。佛是永恆的生命、無礙的智慧、大慈大悲的心量，這是世間所沒有的寶。在我們有生之年，要努力地學佛，將這三樣當做方向、目標。

人的生命不是今生而已；今生，只是生命循環裡的一段而已。我們要把握今生，學習佛法，以此換擁更長久的、福慧具足的生命。有佛引導，就像我們有了眼睛；如果沒有學佛，就像盲了一樣。佛就是一個指示我們到達真理、接引福氣的證悟者。

佛家所說的第二寶「法」，就是去除煩惱、解決一切痛苦的方法。我們透過「法」來覺悟真理，得到無死的生命。「法」是道路，依循正確的道路，能夠離苦得樂；「法」也就是經典，佛陀所曾經開示的一切智慧。

「僧」就是老師，就是善知識——帶領我們學習法，讓我們不會走錯路，讓我們能夠成就佛。

每種宗教、教派，各有其寶，例如一貫道的三寶是關、訣、印，佛教的三寶就是佛、法、僧。

我們都希望生生世世能夠學佛皈依，確實得到三寶的福祉庇佑，那麼，從當下起，照顧好每一個因果，照顧好每一個心念緣起，好好做對每一件事。依沿著這樣的心願和實踐，讓自己確實地在每一個當下都能夠發光。

聞盡

耳根圓通無礙，有沒有海浪聲都無所謂。海在內心，海也不在內心。動與靜，都了然不生。

觀世音菩薩童年的故事裡，有一則是這樣傳說的：觀世音菩薩的家鄉發生災難，他和弟弟大勢至菩薩被父母送到海島上，父母就離開了。兩個小孩平常都依賴父母，到了海島上，一時不知如何是好？對著海發呆。

對海發呆的哥哥，聽著海潮音，聽到入了三昧，證了果位。他聽著海浪聲，漸漸從有聲聽到無聲，聽覺轉入內在，還是繼續在聽，聽內在的寂靜，聽到對有與無都漠不關心，捨棄了對立執著，在現象中做到了「無住生心」。

這時，從「聆聽」，到一個「無住」的心，從「無住」再加強，就突破到最牢固的第七識，第七識就是「意根」，叫做「末那耶識」。從此，就不再是以「我所」為中心，也不再只圍繞著「我」在生活，從此，進入一個空曠無邊的感覺，到達一個「遠離邊際」的實際生命。

無邊無際、廣闊的空，這麼空明的感覺，再捨棄，就進入到「涅槃寂靜」境界，也是真實的開悟。觀音的耳根圓通法門，大體上，就是這樣的歷程。

在《大佛頂首楞嚴經》中，觀世音菩薩陳述自己的悟道，是從聞、思、修入三摩地。經云：「初於聞中，入流亡所；所入既寂，動靜二相，了然不生。如是漸增，聞所聞盡；盡聞不住，覺所覺空；空覺極圓，空所空滅；生滅既滅，寂滅現前。」

「初於聞中，入流亡所，所入既寂，動靜二相，了然不生。」這就是我們已慢慢進入狀況的時候，聽得懂、聽不懂，聽的內容都已不是問題重點，就是單純專注於「聽」這件事。

有一趟，我去北非突尼西亞與阿拉伯人開會，開世界和平會議，他們講話腔調很密集，我當然聽不懂，卻很認真「聽」，也不曾打瞌睡，他們說：「很奇怪，你聽不懂，為什麼聽得這麼有精神？」最後，我這樣回答：「我只是『聽』你們講話，就很有精神。」其實是，聽呀聽，就是在「聽」的時候，不去作意分別，是一個聽覺的清楚明白而已；會一開就要好幾個小時過去，我專心「聽」他們講，聽了半天沒講什麼。

待「寂滅現前」時，觀世音菩薩就得到了「圓照三昧」，獲得兩個殊勝法力，一是「上合十方諸佛，本妙覺心，與佛如來同一慈力」，第二個是「下合十方一切六道眾生，與諸眾生同一悲仰」。從此，觀世音菩薩就是無上涅槃，清淨本覺，十方圓明，乘願再來，解度無礙，於是，成為誓發大悲願、累生累世救苦救難、千處祈求千處現的大菩薩。

寂滅現前，回到本來

聽寂靜，最後，是會有一個成績的。到最後才是寂滅現前，空所空滅的時候，寂滅才會現前。寂滅現前，你才會真正的回到本來；回到本來以後，你才真正地了生死，要不然，那就是談談而已。

不過，這些過程雖然講了，最終還是要「破相」到底。怎麼「破相」？我們這個禪宗，歷代以來都是「正法眼藏，涅槃妙心」。我們這個本來面目，就叫做涅槃妙心、實相無相，是「不立文字，教外別傳」的。正法眼藏，就是指正確的知見，這個正確的知見，不是光說的，是進入到不生不滅的實相中，在不生不滅的妙心裡。所謂的妙心，就是說它有無量的功德，無量的妙用；這涅槃妙心，不生不滅，它的相貌是什麼呢？實相無相，沒有相可言。

大家的心有沒有「相」？我們當然有個肉團心。心有三種層次來講，肉團心，這顆肉團的心會有血肉經脈脂肪，會血濃度一高就堵塞的這顆心臟。還有一個什麼心呢？緣覺心，這個心會攀附在種種東西上，比如說到椅子、拜墊時，我們的心就跑到椅子、拜墊的相上；我們想到錄影機，心就附在錄影機的相上；我心攀附在「我」，那就是我相；如果攀附在男女、攀附到老少，就都是人相，這就是攀緣心，攀到什麼緣，就生什麼心，這種是第二種心。

第三種是什麼呢？第三種心叫靈覺心，這個靈覺心不是肉團心，也不是攀緣心，是那能夠聽、能看、能想的那個源頭，就是「聆聽」寂靜的那個「本來的心」。

什麼是寂靜之聲呢？寂靜是沒有聲音，愈寂靜愈安靜，愈安靜愈沒有聲音，無聲之聲。我們「聆聽」我們的覺性，「聆聽」我們內在，「聆聽」一切山河大地，都是寂靜無生。我們聆聽的時候是自然的，耳朵是最靈敏的根，從早到晚，耳朵沒有停止的聽。所以，我們不要用力聽，我們要自然而然聽，放鬆聽，「聆聽」這一切萬有的寂靜。

寂靜修行，無聲之聲

寂靜，就是無聲之聲。禪宗有一個和尚，每一次有來請法的，他就把一個手指舉起來，人家就開悟了，每一次都相應，這就是一指禪。有一天，他不在寺，人家來問法，他的徒弟學著師父的樣子，也把手指舉起來，徒弟覺得這樣開示很有效果。

他師父回來問起：「你怎麼樣跟人家開示的？」他說：「我學師父一樣，把手指舉起來。」師父說：「你再舉一次看看。」小和尚把手指頭舉起來，他師父拿一把刀剪掉那個指頭，小和尚就哭了跑出去。

後來，再一次，師父又問：「你怎麼向人家開示？」小和尚還是把手指頭舉

起來，一舉起來的時候，手指頭沒有了，小徒弟就在那時，開悟了。聆聽寂靜，不是聽找什麼聲音，一切聲音都是無聲的，與此案的指頭妙喻異曲同工。

前面提過馬祖道一要嫂嫂聽蛋的故事，我講的寂靜修，跟這兩個故事是相當有關的。蛋怎麼會講話呢？十年當中，聽到的只是寂靜，無聲之聲，一直貫徹。這小和尚為什麼手指舉起來就被剪掉？因為「著相」了。就像聽寂靜時執著聲音的有無一樣，小和尚的問題是在相，當手指剪掉的時候，再問，再舉時，打破了相執，進入到寂靜，開明了本覺。還有，趙州禪師八十歲還行腳，他參的是「無」字，什麼是「無」呢？一直參，參了四十年，直到生活中打成一片，桶底脱落，也就是進入涅槃寂靜的境地，所以我們這個法門叫做聽無聲之聲「寂靜修」。

放鬆，放下，安靜地聽！一切的聲音都是寂靜的。比如説隔壁有人在施工，我們專注在聽的覺知，一切聲音也是寂靜的，入流亡所，這個聲音也是寂靜的，回到聆聽的當下覺明，聲音本來無生，它本質上是寂靜的，這個聲音就不會吵到你。

注意力專注在耳根的聽覺。聆聽，安靜地聽，聆聽寂靜！聆聽萬有的寂靜。聽聽虛空的聲音。聽聽自己內在的寂靜。聆聽，一切有聲無聲都是寂靜。把一切身體的壓力都鬆弛，把一切內心的執著都放鬆，聽聽自己內在，那個寂靜無生的源頭。

「寂靜修」，也叫耳根圓通法門。耳根圓通，就是六根無別的覺明本心，耳朵可以聽，「耳根」是我們能聽的覺知本體，聲塵就是所聽聞的境，識就是了別認識的功能。覺知是「根」，對境生心就是「塵」、「識」的作用，這就是「根」、

「塵」、「識」的關係。

每一個人都在聽，從出生就在聽，聽到現在也沒有成道，為什麼呢？因為我們會分別，聽見聲音就去分別、去取捨。但觀世音菩薩過去修耳根圓通時，所聽到的聲音，不管有沒有都叫做聲音，那些聲音一進入到耳根就沒有了，只剩下聽，就是聽的明覺。

用耳根，聆聽寂靜！

我用的方法是「耳根圓通法」。耳朵如果在聲音分別取捨上，耳根就不圓通。修耳根圓通時，就是只聽不分別，念念覺明，如果對境生心，那就不是耳根圓通了。

我們用「耳根圓通法」做「行深」功夫，直觀心念與現象的本質，一路貫徹《心經》「行深般若波羅蜜多」，也可以用《金剛經》的「一切有為法，如夢幻泡影，如露亦如電，應作如是觀。」來觀照。

聽！內在的心性，直觀、直覺、直聽！聽，誰在聽？無我地去聽，無相地去聽，無執地去聽，無念地去聽！因為五蘊皆空，誰在聽？聽到最後，這個「覺所」就破了。

在《楞嚴經》、《圓覺經》這兩部經都有講到，觀音菩薩如何的從耳根進入覺悟，由覺悟而圓成佛道。

《楞嚴經》中「從聞思修，入三摩地，初於聞中，入流亡所，所入既寂，動靜二相，了然不生，如是漸增，聞所聞盡，盡聞不住，覺所覺空，空覺極圓，空所空滅，生滅既滅，寂滅現前。」聞而寂，寂而無住，無住而空，空所產生空覺，空的廣大圓滿，空的消失，生滅的滅盡，現前十方圓明，產生二殊勝「忽然超越世出世間，十方圓明，獲二殊勝，一者上合十方諸佛，本妙覺心，與佛如來同一慈力；二者下合十方一切六道眾生，與諸眾生，同一悲仰。」

這一段簡而易明，「耳根圓通法」作用在耳根，只管「聽」，不作用五蘊。寂靜修在修什麼？寂靜是還原、還淨的作用。聞寂而息心。

「入流亡所」，聲音一進入耳根就是滅音了，就是說，不管從哪一個方向來的聲音，什麼樣的聲音，一入到耳根就寂滅了。因為聞盡，聽的「所」沒有了。「所入既寂」，到了耳朵就寂然不生，所聽的聲音和靜寂的覺受，兩個都了然不生。「動靜二相，了然不生」不產生動靜二相，達到了一個動也不生、靜也不生，打破了動靜二相。

繼續聽！「聞所聞盡」愈聽愈聽，時間久了，聞所聞盡，耳根好像消融器一樣，到了耳根都滅盡，「盡聞不住」，一切聲音聽而不住，不執著。

然後就只是清楚覺明，只剩一個覺，然後聽在覺。「盡聞不住、覺所覺空」，覺的「所」也滅去了，會產生一個「空」的感受，空和覺同時出現，這時候沒有身體的感受，只有「空覺極圓」的籠罩。

繼續聽下去，慢慢到達「空覺極圓、空所空滅」，空的「所」也要空掉，空的「覺」也要滅去，生滅既滅，生滅的感覺也沒有了，這時把所有生滅心也寂滅掉了。

這個時候，最重要是要引發我們的本來面目，「生滅滅已」，一切的生滅也滅了，「寂滅現前」，寂滅的本性才會現前，本來面目現前，寂滅性空體如如，如如之心不可得。

雖然講到這樣一個修法的內涵，這些過程，都是實修才會發生。還是要下功夫去做了，才能明白。

修久會有「三摩地」，成就「十方圓明圓照三昧」，達到耳根圓通，沒有分別，沒有區隔，沒有障礙，獲得二種殊勝，「上合十方諸佛、下合十方一切六道眾生」，所以明空圓滿，光明圓照十方，也是大手印、大圓滿，這一個空前絕後的悟境，就出來啦！

「通」就是沒有障礙，當耳根圓通時，你的心可以感受到誰在想什麼，可以聽到其他國土的一切聲音變化，我們不只有小小地球而已，也不只娑婆世界，還有三千大千世界，很多星系星球組合，即使三千大千以外的他方國土，耳根都能圓通、沒有障礙，這是一種心的波，細膩到一種可以跟任何波動密合的程度，那是磁場，就是說，不管哪裡有念波在動，心波到你這裡來，不用透過語言溝通，你可以解碼，清清楚楚它的來龍去脈。

常常聽到有人說：「平時在生活上看不順眼事，遇到別人的言語刺激，很容易就生氣，什麼修行都不見了，怎麼處理呢？」

我會教他，「你就聽啊，聽！那個討厭的聲音啊，聽它的刺激，聽它的寂靜，靜靜地聽！」只是聽，然後生氣呢，就會變成寂靜了。

聽！入流亡所啊。「所」沒有了，就反射回來，覺在耳根，所以「覺所覺空」

很關鍵。你還有「所」，就產生「相對性」，才會有這個情緒反應，沒有「所」，怎麼會有這個情緒反應？

我們聆聽，聆聽無聲，聆聽什麼都沒有，了了分明，清清楚楚，專注在光明自性。因為我們的心性、覺性是那麼光明自在，虛而明，明而虛，總是在那裡。

「那妄想是什麼，你看到了嗎？現象是什麼，你看到了嗎？」

雖然是看到，實在是沒有東西！聞盡「沒有」，觀照「沒有」，實在是什麼都沒有！

「是誰跟著境團團轉啊？」

照著引導去做，直心是道場。

「放鬆，放下，安靜地聽！

一切的聲音都是寂靜的。

注意力專注在耳根的聽覺。

聆聽，安靜地聽，聆聽寂靜！聆聽萬有的寂靜。

聽聽虛空的聲音。

聽聽自己內在的寂靜。

聆聽，一切有聲無聲都是寂靜。

把一切身體的壓力都鬆弛，把一切內心的執著都放鬆，聽聽自己內在，那個寂靜無生的源頭。」

比如說隔壁有人在施工，我們專注在聽的覺知，一切聲音也會是寂靜的，「入流亡所」，聲音本來無生，它本質上是寂靜的，這樣回到聆聽的當下覺明，這個聲音就不會吵到你。

忽然超越，世出世間

我們現在這個時代，是知識的時代，所以你一定會習慣一直去找尋、去認識、去分別比較各種感官的好壞和資訊的優劣，這樣一來，你將與「道」愈離愈遠。

唯有方法用對了，下功夫，證悟到耳根圓通，涅槃寂靜才會現前，苦厄才會終結。觀音菩薩在悟得耳根圓通法門後，「忽然超越，世出世間」，發起了生生世世不退轉的菩提心。發菩提心後，行菩薩道，成就遍智，遍智就是「沒有一樣不清楚明白的」，這是證悟阿羅漢的人所不及的。阿羅漢還不是遍智的，有些事他不知道，不明緣起，意思是阿羅漢做到了內明，可是對一切萬法的顯現，像華嚴世界，阿羅漢還是不知道。

不能稍或忘失菩提心。所謂的「退」，就是心有進退，對度生願力不堅固。如果可以從內明堅固，到發起度盡眾生的菩薩大願，積極利生的話，那就登到八地菩薩，八地菩薩以後就不退轉了，那就是發明心地，直到度盡眾生，不會離開這條成就的道路。

當今世界災難如此頻繁，誰能救苦救難？當我們思及宇宙間還有一位發那麼大願力的菩薩，或許徬徨的內心會稍得清涼寄託之感，這一念「信靠祂」，念頭轉處，往往業惑也遷轉，或許就在這轉處出現不可思議的奇蹟變數。

發心佛子們，當我們從事救苦救難的工作，其實也就是在實踐觀音法門。觀音聞聲救苦，哪裡有呼救的聲音，就會有觀音力的顯現。若當你遇險，想要得度，一定也要先「求助」，總是知苦才能離苦，不求助就沈淪不起。平常念「大慈大悲救苦救難觀世音菩薩」，就從這個心念處，呼喚觀音的相應。

觀音法門是娑婆世界最廣大重要的法門，因為娑婆是眾苦所集的穢土，眾生在火宅裡但求一方清涼，而觀音許之。我修「寂靜修」時，根本上即遵循著剛剛描述到的修行歷程。方法之一也可以是學觀世音，恆聽海潮音，實地修就去聽海潮，或把海浪聲錄起來播放聽，練習耳根圓通，依次內修轉進而得成就。現在我傳授「寂靜修」，有沒有海浪聲不是重點，以當下去聆聽，由外聽到內，由內到覺，打破動靜，寂靜無生。

我就常去聽海，久久流連，在寂靜裡物我兩卻。海潮起落，給我許多修行上的靈感，有沒有海潮音傳進耳朵，潮汐是起是落，不都同樣是海？同樣地，我們生活苦樂好壞，心依舊還是心。曾經讓觀世音菩薩由聽而到悟的那片海，也是我諦聽的海，也是無數眾生曾經一起聆聽過的海。生命亦復如是。

修部——心內那蘭陀

身心和諧平安禪

在資訊繁雜的時代裡，許多人覺得想法跟不上資訊的累換，工作跟不上工商業的變化，所需比不上消費與浪費，環保跟不上生態的破壞，救濟搶不過災難的肆虐，各種鋪天蓋地的威脅悄悄蔓延全球，永續生存成為天問，重重無盡的壓力，已經是生活的常態。不知不覺，憂鬱症、躁鬱症、恐慌症悄悄上身。

美國被認為是現代文明最發達的國家，但文明病也異常地熾盛。從上個世紀七十年代起，學佛修禪的風氣在美國迅速開展，備嘗生命壓力的美國人想透過

「禪」，找回自我，回歸自然，然而，在美國這個自詡自由開放的已開發國度，這意味著什麼？

二十一世紀千禧年一過就發生「九一一事件」，透過媒體傳播到全世界，蔓延著恐怖、不安的心靈之病，這個時代氛圍，充斥二極化問題，全球化與在地化、傳統與現代、科技與環保等等，人心在四面八方的壓力下，欣向習禪是有道理的，事實上，我們確實可以禪修來安定自己，用禪修來讓自己離開緊張、壓力和不安。

如果你願意試試看，如前所説，這個禪修的四個步驟，只要跟著做，心情會馬上轉變，試試看，在任何時候都可以。

第一個方法是吐納——吸氣、吐氣，來調整我們內在的污染空氣，將我們內在過多的碳排出，改善體內缺氧的情況。

第二個方法，攝心。讓我們繁雜的思惟沉澱，馬上能夠淨化、攝心。眼觀鼻、鼻觀嘴、嘴觀心、心無所觀，攝服我們混亂的心，達到專一。

第三個方法，覺知自己的呼吸。出入息的呼吸，這個就是寧靜你的內在，讓你的心能夠靜下來，止在出入息。

第四個方法，寂靜修。聆聽！讓一切的聲音都寂靜，讓外在、內在一切的聲音都寂靜，讓一切的想法寂靜，一切的不安寂靜，一切的恐慌都寂靜。聆聽寂靜！讓我們回到內在，觀照內在，回到寂靜無生的本來。

現在，請你暫時放下一切，一起來做看看。吸氣、吐氣，把身體打直，脊椎打直，頭要頂天，下顎壓喉嚨，用喉嚨吸氣，鼻子吐氣。吸氣，由我們的小腹到心、到喉這樣地吸上來，吐氣的時候用鼻子吐出去。讓我們很快樂、很放鬆地吸氣、吐氣。一共做七次。

好，我們眼觀鼻，我們注意力在鼻；鼻觀嘴，我們注意力移到嘴；嘴觀心，注意力在心；心無所觀，心回到心，心無所住。

好，我們靜靜地覺知自己的出息、入息，清楚地覺知我們的出息、入息，冷、溫的感覺，長、短的感覺，粗、細的感覺。我們很少關注到，從生之初到此生盡頭，這個呼吸跟我們之間是這麼密切接近，這樣相隨不離。我們清楚覺知這份出入息的美好。

好，我們把耳朵放鬆、頭部放鬆，我們把我們的肩膀鬆弛、心胸鬆弛，全身都放鬆，每一個細胞都快樂放鬆。放鬆放下地聽，安靜地聽，寧靜地聽，一切都是寂靜、寧靜的。我們安靜地聽，一切虛空的寧靜、大地的寧靜，一切喧鬧也是寧靜的；安靜聽，靜靜聽，聽！寂靜之聲。

好，我們輕輕地把手拿起來，慢慢搓熱，我們把手搓熱，把臉慢慢地搓揉，把後腦搓熱，把我們的腰部搓熱，把我們的關節、四肢搓熱。慢慢動一動，然後，可以下座了。

昏沉多時，可以多深呼吸幾次；妄想多時，要回到專注的引導上。這四個步驟方法，是可以交替運用的。

這樣做，我們有沒有覺得回到自己？感覺心靜下來了嗎？常常這樣回到我們本來，那個父母未生我們之前的本來，就是這樣子安靜，就是這樣子的明白，一切現象都是寂靜的、安定的。希望大家能吉祥，運用我們自己本具的能力來療癒自己，這個可以治療我們長期以來的煩躁不安。

還有一個，更簡單的方法，只要一分鐘，就可以把自己從焦躁不安中轉回過來。一分鐘的寧靜方法，也是一個回歸自我、回歸寂靜的簡要口令，有四個步驟：深呼吸。合掌。放鬆。寧靜下來。這樣的方法，口訣清楚，手印簡要，迴光反照，常常練習，會幫助我們在日常生活中，隨時調節壓力不安的心情。

實在來講，現代人福報不夠，終其一生，忙忙碌碌，紛紛擾擾，而我們地球的大環境已經大不如前，不是那麼好住了，人們如果平常沒有一些簡要的安定身心的方法，隨時都可能因為身心壓力、情緒失控，而造成更多悲劇。

畢竟，佛有一個核心的生活理念，心和平，世界就和平了。我們遵循這樣的信念。

我夢想一所佛教大學

我夢想的佛教大學是「那蘭陀大學」。古代，在印度有一所那蘭陀大學，已有好幾百年的歷史，許多大師都出自這所學校。

靈鷲山成立以來，我一直夢想著把它創造成一個學園，這是一個實修的、教育的、培養和平種子的宗教文化園地。在這個未完成的心願中，不僅為佛教界培養人才，也讓各個宗教的修行人可以來此參學。這個學園中，大家可以探討全球和平的問題，可以對話各宗教的靈修傳承，這裡培養的學生都能具有「愛與和平、地球一家」的理念。

佛教界需要有素質良好的弘法師、傳教士，當然，這就得從教育著手。

放眼其他宗教界，如基督教在全世界有幾百所大學，伊斯蘭教徒也有幾百所的大學，培養出訓練有素的高知識分子。佛教徒的大學在哪裡？沒有。

像我這樣的一路硬方法苦修實練的法師，常慚愧是個「草包師父」，沒有高學歷，就是個土和尚，本土才是草嘛。雖然我的徒弟頗多大學生、碩博士生，一個一個比我強；我自己沒有大學文憑，有的只是社會文憑。

我一直夢想著這一所佛教的大學。現在佛教有大學嗎？佛教界蓋的大學，當然有，然而，教學目標內容全部以佛教為主的大學，卻未存在。我夢想著一所全部是佛教的大學，裡面也有各宗教的學科、社會學科，有科學的，有大乘、小乘、密乘的傳承，整個合起來，學生都要涉獵這些學科，成為佛教界的專才、通才，也是可以跨步世界、引領潮流的知識分子。不僅如此，讀這所佛教大學，還要有國家發的正式文憑，碩士文憑、博士文憑，所有文憑，都要得到承認。

現在佛教很少能做到這個地步，就算成立了學院，也不能拿到正式的文憑。在日本卻是有的，但卻是不信佛的佛學方法。我旅行到泰國時，倒是發現有一所很接近我夢想的大學，但他們沒有叫做「宗教大學」。

我到馬來西亞的時候，跟他們講到佛教大學，他們說：「師父，你成立在我們馬來西亞好了。」我說看因緣吧，「哪裡募得到錢多，我就設在哪裡。」

像當初設立世界宗教博物館，也是因為捐地的因緣，而落腳在臺北永和，當時人們也曾跟我說：「師父，你要是把博物館設在紐約，絕對會引起更大的風潮。」大家都說，紐約人最歡迎我們這種理念的博物館。但是，需要它的地方，也是理念接受最衝擊的地方，這樣的地方要蓋宗博的因緣，並不如想像的容易。而且，我想幾乎都是臺灣信眾捐出來的錢，我不可以把臺灣人捐的博物館蓋在美國，這怎麼可能？臺灣，是一塊非常有福報的地方，這裡因為人民和善有愛心，肯布施學佛，宗教間非常和諧，這裡的人從來無法想像為什麼會有宗教衝突的問題，所以，未來我當然還是希望，把佛教大學的夢，實現在臺灣的土地上。

我夢想的佛教大學像「那蘭陀大學」。古代，印度有一所那蘭陀大學，已有好幾百年的歷史，大約是西元二世紀到五世紀間，逐漸從那蘭陀寺發展出來的，當時因為印度的國王支持贊助而欣欣向榮，形成一個很大規模區域的大學城，學風鼎盛一時；但是那蘭陀在十二世紀時毀滅了。

許多大師都出自這所學校，像西藏的蓮花生大士，中國的玄奘大師就在那裡讀過書。這所大學是「學修並行」的，唯有如此，才能訓練出既有修行又有學問的傳教士。一般的大學或宗教系所，重視學問而輕修行，但遇到修行的難題，有時光紙上談兵，並無用處。教育要解行並重，一定要有修行，也要有學問。自己所學的，自己要相信；自己所說的，自己要實證到。

我的夢想，當然要靠許多人一起發願、喜捨，一起贊助，一起推動，才可能完成這個計畫。如果能夠建造出這樣一所大學，我想我這一生就沒有白來了，真的有做了一些事，真的有留下一些東西給後世。

這樣一座學府，讓想學佛的人能有一個大因緣的地方，可以有系統地學習佛法，同時兼顧修行。我這一生發願推動這一所大學，你們也許想沒有機會受教到，但是下一代的人們可以受惠，像那蘭陀一樣，每一代都培養出高度成就的大師，他們弘法影響力廣大，也許下輩子我們若再出世的時候，一樣也是可以在那兒學習。

說起唐朝的玄奘法師，經由絲路一路走到印度，其後他就在印度讀佛教大學，讀了十六年，印度人不放他回來，說他很聰明，辯才無礙，每一場都贏。但後來他還是回到了中土，唐太宗及百官去迎接他，很光彩地回來了。玄奘這一路去印度的時候，遇到很多修行的人告訴他：「我可以把你教到修成阿羅漢，一定可以讓你證悟，一定可以讓你了脫生死，你不要去印度，這一路上也不知道什麼時候會死，搞不好會被老虎咬走、被蛇吞掉、被熱死、餓死……你千萬不要去。」他說他不怕。他是一個凡夫，就這樣一直走到西天印度去，沿路上荒山野嶺、盜寇橫行，驚險叢生，他就是一直走，往印度的地方走，因為，那裡有所佛教大學在等著他。

我不知道我這一生，能不能建起這樣的一所佛教大學，讓還抱著玄奘心志的求道人，願意走過一整個沙漠，只為來這裡讀經、求道、修行。那是我始終沒有放下的夢想，我覺得，懷抱著這個夢想的我，需要的是玄奘的精神。

百年佛教一「孤僧」

講到佛教的大學，講到培養僧伽或佛教專業人才，不得不提及這一位「孤僧」。這百年的人類史，真是一場天翻地覆的過程，但佛教界也出現一位振衰起敝、高張改革旗幟的「孤僧」——太虛大師。

太虛大師他不隱山林，不求高風，五十七歲的人生中都在亂局中打滾，把生命投入如烈焰的時代，一生有為而無為，戛然而止。

我不認識他，直到開創了靈鷲山才聽聞他的事蹟。

他過世時，我剛好出生。

跟隨太虛，行彼願力

太虛大師出生和所處的環境不是那麼的好，他沒有受正規教育，都是因為自己的努力精進，讓他能夠突破了很多知識性的限制，很多環境的限制，使他在修行上，能夠一層一層地突破，到達學佛者深究本末終始的境地；他把佛法了解得很剔透，由此發出願力的光輝，這是他菩薩道的由來。

因為菩薩道，所以他展現了佛法的寬廣性、厚實性以及傳續性，把這些究竟的佛法真實義，也就是「佛法世界，世界佛法」去實修實證，不管傳不傳出去，太虛大師都是一貫的；他本來就是這樣。

那麼我們這些後學是在做什麼？我們也是一步一步，把佛法的層次布局出來，展現不同層面的一種制度管理，延伸到全球，也就是世界佛法的使命。這份使命，太虛大師一直具有先見之明，他是先知，即至今日，我們沒有人能超越他的思想規畫範圍。所以，我們只能更去展現他的願望，實踐他的理想，使佛法能夠更充實豐富於世界眾生。

當然，他有一片救人救世的悲心，這份悲心，唯有以佛法的願力才能完成。有人說太虛大師是「佛教革新」，卻也不是，而是他出於救世的悲心，把思想結構化，把一切實踐都變成有清楚的步驟，一旦因緣和合，就能在世界上展現佛法的力量。如今，大師雖然已經故去超過一甲子，但他的影響力，在佛教來說，仍然是全面性被接受和推崇的，所以我們當然希望承先啓後，能夠完成太虛大師一切的願望，對佛法、對眾生有所貢獻，特別是在亂世，對世界人心有所幫助，這是佛法的甘露，以此滋潤當今世代因為資訊媒體的爆炸而導致的一種不由自主的、焦灼飢渴貪婪恐懼的病。

人格完成，仰止唯佛

「仰止唯佛陀，完成在人格；人成即佛成，是名真現實。」這是太虛大師所說，給予眾生一個追尋的指南，也是學習佛法的方向和目標。若要行菩薩道成就佛果，必須由僧伽人格——也就是僧格的完成，才能帶動居士、導正信眾，以純正的人格去實踐佛法，達到離苦得樂的究竟目的。僧團的領導者尤其更是重要的指標。

僧團、僧制，要能夠安眾是滿重要的，然而若是僧團僧制有，但整個宗風沒有樹立，整個精神層面的實修傳承仍舊沒有辦法樹立，所以要把實修傳承建立起來。我們靈鷲山的實修傳承就是禪，它又深又簡單。它簡單得不用言語，當下即是；它複雜得到一個宇宙華嚴法界的呈現概念。它滿有這樣的顯現，很簡單，但又非常深廣。

所以，一切都要從「心」去建立基礎。心的基礎打好，才能談法門；法門以後，才能談宗派。當然，人們在一起，就必須要制度，要有共同的規約章法，但是，佛教如果完全以西方的方法去展現，它的精神面會被消滅瓦解，所以我們應該在精神層面上紮實，再輔以西方的方法學去歸納，也就是精神面是佛法的，方法是西方的。什麼是精神面？就是「神聖之處不在方法，而是在修行」。沒有實

修，就無法導致證悟證量；沒有實修，就會被方法論吞噬掉，連骨頭都不剩。就像現在許多的佛學研究的大學究和一些自詡為修行人的人，他們依賴方法論，到最後，只是一個知識，依賴知識就沒辦法相信真實，「真實」是只有實修才可以達到的啊，不能捨本逐末！

所以為什麼我要說「回歸真心，回歸宗風」？因為之前，我們弟子一直都好學在方法論，方法論是對治法，對治了這麼多東西後，我們的問題仍是層出不窮，就是因為我們沒有從根本下手，心外求法，心沒有淨化的緣故，學到後來就忘本。弟子隨眾或許會說：「因為分不清楚，所以才要學啊」，那麼，教團領導者更要清楚啊。所以，我們要從這個地方扎根下去，那麼實踐佛法的方法論或暫時的對治法，就不會衝突。

我們要傳承佛法，就必須要整頓好僧教育的制度。不是說過去我們沒有，佛教一直是遵照「戒律」，它本來就在那裡，但是有人注意就會注意，不理會的人就不理會。戒律最主要的不在條文而在心，律心、攝心。戒律，它一直被強調，但也容易被忽視，所以還是必須有明確的規章去約束，與時俱進去落實。

再就是，我們現在的僧團最大的問題是什麼呢？就是個人主義多，沒有團隊精神，沒有常住觀念，比較自私，只在乎自己，而不在乎常住。為何會這樣？當然和教育學習有關，教育學習如何變成制度化？變成常規？過去教制對我們總是個理念，而不是實踐，今後我們必須踏實、如實地去實踐，加強宗風實修，這樣一直持續就不會錯。

相生相熟，華嚴終現

僧伽教育這一塊，可說是太虛大師畢生用力最深之處，我們也是把僧伽教育基本上分為四期，若要從整個佛教發展來看，它像以前的「那蘭陀大學」的走法，我們也是走這個「那蘭陀大學」的路。但是，那蘭陀大學為何會滅掉？到最後問題也是出在「論多實修少」，問題叢生，逐漸跟眾生苦痛脫節，跟外道之間逐漸累積不好的互動，所以他們失敗在這裡。我們是不是可以走法像那蘭陀大學那樣，但落實我們佛法實修的基本層面，不要重蹈覆轍？

如何落實？思想是跟著實踐走的，實踐是跟著思想走的，這是互動循環的學習過程。我們整個佛法是實踐與思想並重的，但現在實踐不見了，只剩下思想面，當然培養不出真正的大師。所謂的實踐，意思是佛說的一切道理，是為了要讓你去生活、去證悟的，然後從證悟中，發起菩提心，誓度一切眾。

佛陀在阿含時期，主要是生命教育最紮實的時期，佛陀是講完人格圓滿，度到聖果的時候，才講《法華經》，講菩提心。也就是先講阿含，講生命教育，然後講般若。普遍的道理能夠通達要靠般若，否則就沒辦法圓融無礙。當你的理念已到達圓融，才從這裡發出自然而然的菩提心。大悲心油然而生就是進入法華期，經由這個階段再培養到獨當一面，最後才是華嚴期。華嚴期成熟各種的種子，每一個種子都是佛果的因，「因即是果，果即是因」的階段已呈現，因就是佛，佛就是果，一一俱現，相生相熟，呈現出華嚴世界。

我不敢說師承太虛大師，他是先知，我就是跟著他的腳步走。

早期我並不知道他；出關開山前，也不知道他。開山後，聽弟子們多多少少說過一點，也沒刻意去研究他的思想，但後來知道了，民國以來的佛教都是跟著他去走的，只不過走到後來，又走出了許多框框，每個框又都是各自有框框，而我不知道該從何框起，就只好全部都做。

大家都稱太虛大師「菩薩」，因為太虛寧願人家稱他「菩薩」，也不要人家稱他「比丘佛未成」，這已經講了太虛大師的一生風範了——他就是一個菩薩道，在其中，他的願力是什麼？誓願是什麼？實踐的步驟是什麼？從建學院、培養人才開始，他雖然規畫僧教育後期有「觀行班」，但這「觀行班」一直還是沒有落實，只差這一步「參」，所以今天我們特別注重這個「參」的落實。

臺灣的僧眾教育規格化是有的，雖然不是那麼清楚，每個山頭各有其規格，但這些既然都做了，為何仍然問題叢生？那就是因為修行不夠紮實。

制度有了，就應該走入實修。所謂的修行，就是不斷提升自己的證悟性，所以有修有德的大長老非常重要，不管誰是教團僧眾的領導者，這個實修的領導方向絕對不會變——從佛陀以來，修道的根本就是如此。

印度觀音

我從賽巴巴的信念，想起我一生持奉的觀音菩薩，祂的化現，有時有形，有時無形；有時似有形，有時卻似無形。但不管有形無形，我們要把祂當作真實的，那樣地去供奉祂。

朝聖，尤其到印度的菩提迦耶，釋迦佛證悟的地方，這是為朝聖者種下成佛的種子。一生當中，我們最少要去朝聖一次，或者是每年都去朝聖。

你去過那裡嗎？那裡蓋了一個很高的塔。許多修行者在此繞塔、拜塔，我也曾去加入他們的行列。我常跟弟子說，如果在那裡能有很好的證悟，我們都會看到釋迦牟尼佛還在那裡，並沒有離開。

有一年，我去印度四天，應賽巴巴組織的邀請，匆匆忙忙去參加了一個洗腳的儀式，但沿途的顏色、感覺與體悟，卻相當的豐盛，可以稱得上是一次心靈的豐收之旅。

賽巴巴組織在印度擁有好幾百萬的信徒，信眾相信賽巴巴是濕婆神的化身。實諦．賽．巴巴（Sathya Sai Baba, Sathya）意謂「真理」、「聖諦」，於一九二六年十一月二十三日誕生於印度南部布達巴底村（Puttaparthi），是一位在世界各地廣受尊崇的靈性導師。他去世後，仍被崇奉為聖者，信徒會自己買一尊聖像回去，每天對著祂，完全當活人一樣恭敬。從早晨起一直到晚上做所有的儀式，供養祂三餐、吹電風扇、搧扇子什麼都要做。你熱了，神也熱了，他們是用完全憶念上師的這種修行方法。

當作聖者仍活在世上一樣，春夏秋冬為他換衣服，早上要跟他漱口、洗臉、吃早餐，中午吃飯，也不忘供請老師吃飯。老師雖然已經成聖去了，可是仍當作他還活著這樣來供養，早晚要問安，時時刻刻以老師的願力、慈悲為原則去生活、去實踐。用這樣的儀式來憶念上師。

宇宙惟界，時間惟心

話說從頭。印度十二年一次舉辦一個非常大的節慶「大壺節」。大壺節的四月到五月，這一個月之中，印度人會到他們的聖河沐浴，洗除他們的障礙。印度總共有四條聖河，恆河是最有名的，我們那次去烏堅聖城，那邊也有一條聖河。「賽巴巴」這個組織邀請我到印度這個地方來，安排信徒幫我洗腳。洗腳之後的水倒到聖河裡，這樣，就可以加持到所有到那個聖河沐浴的人。

最大的節日，是在四月十九號那一天，有大概兩千五百萬到三千萬人聚集在烏堅那個地方沐浴。

記得從機場坐車到達烏堅聖城，當地的人都穿上色彩美麗的衣服。我記得來迎接我的有個兩歲的孩子，也穿上了禮服。

賽德斯．巴巴（Sides Baba）是組織的負責人，等於是第二世；上一世叫賽巴巴，他就叫賽德斯．巴巴。他是部分轉世，另外還有一個頭髮捲捲蓬蓬的，則是完全的轉世。所以，賽巴巴在這一世有兩個轉世、兩個化身。他迎接我時，感謝我來到烏堅，他們相信烏堅是宇宙的中心點，所有的時間計算都是從烏堅這個地方開始的。

我從賽巴巴的信念，想起我一生持奉的觀音菩薩，祂的化現，有時有形，有時無形；有時似有形，有時卻似無形。但不管有形無形，我們要把祂當作真實的，那樣地去供奉祂。

印度教向以神祇眾多聞名於世，儀式開始前，先帶我們作參訪。我們進入他們的祖廟，這裡有他們膜拜的三個神祇：毗濕奴、濕婆神、還有大梵天。印度的神性是有陰陽的，每尊男神會配女神，色彩異常華麗。印度人用所有一切的珠寶來莊嚴他們的神，而且都是真正的珠寶。

祖廟邊燃點聖火；在烏堅，這是一個很神聖的火——大約一百多年前，第一世的賽巴巴點燃的火，到現在一直都沒有滅，一直都傳承下來。那個火，不是在油裡面，是在水裡面，然後會不斷地燃燒，不會熄滅。更神聖的是那個燒出來的灰——那是聖灰，會自己不斷地生——傳說有生病的人吃了灰，就可以去除一切障礙。在那裡，他們會專門給信徒聖灰。

我去那時，第二世已經八十幾歲，身體不是很好，仍專程為我解說整個廟的模型；他的心意，我至今仍感懷。祖廟有主殿和左右兩個殿，最前面還有一個瑪哈嘎拉的殿，是個護法殿。

我對印度人祭奉的猴神留下深刻印象。可能，我聯想起自己小時喜歡看的《西遊記》，神通廣大的齊天大聖孫悟空。在印度，信奉猴神的年歲當然比中國人更久。猴神是印度三個主要神祇之一的化身，是很有能量的神。印度史詩《羅摩衍那》裡的猴神哈努曼，可是很會打仗的。印度人會給神披上衣服，然後戴上很多的花，披上很多的珍寶，我見到的猴神，就是那個樣子。

我參觀的猴神殿，已是在大殿裡面的內殿，但內殿中還有殿。其中一個神祇騎著叫做難迪（Nandi）的公牛，牠是很有力量的，象徵著生殖力、生產力。牠是西瓦騎的牛。濕婆或譯西瓦（Siva, Siwa）、希瓦，又稱大自在天（梵語音譯摩醯首羅），是由吠陀神話中樓陀羅（Ruda）衍生成的。祂的名字很多，根據濕婆往生書（Siva Purana，又譯濕婆住世書）的記載達一千多個。濕婆是印度教的神祇，與梵天（Brahma）、毗濕奴（Vishnu）共稱印度三大神。

象頭神犍尼許，特徵是只有一隻象牙，臺灣人應該就覺得熟悉了，由於是除障之神，又能求財保平安，在臺灣也有相當多人在拜。象頭神是印度人每天要禮拜的第一個神祇。

然後我也見到大自在天的天神，聽說也是觀音菩薩的化身，這讓我想起《楞嚴經》說道：「若諸眾生，欲心明悟，不犯欲塵，欲身清淨，我於彼前，現梵王身，而為說法，令其解脫。」這不就是觀音菩薩現梵王身而為說法？而當觀音菩薩化身為大自在天的天神，為應機化現向眾生說法，我們是不是當下能夠認得祂？

洗腳儀式起自八將唱鏘，火供。天氣非常炎熱，將近攝氏四十度，人的腦袋曬到發暈。他們立了一塊和平柱，請我祈禱，繞行三圈，賽巴巴二世也跟在我後面一起繞三圈。然後灑花——在臺灣還有灑米，那邊沒有用米，只有灑花。

到了護法殿。見到瑪哈嘎拉，祂把大梵天踩在地下，比創造神還威猛。整個殿就叫做嘎拉廟。護法殿裡的神祇幾乎都是黑色的。我們吃供養神祇的食物，接著去點聖火，從我去的那天點燃，直到五月五日大壺節聖典結束，才會滅掉。油燈口堆滿了花。我開始繞火炬行走。在如此接近佛陀的地方，內心與觀音菩薩連上了線。

晚上，幾百萬人擠在河邊的盛會，有位聖人在台上唱歌，邀請我上去跟祂坐在一起。除了我，受邀參加洗足典禮的，還有來自迦納的印度教聖者，以及烏堅當地的天主教主教。開始洗腳時，要我把腳放在盤子上。倒水，腳上有陣清涼感，接著再用牛奶洗。把剛剛的水、牛奶都倒在一個大壺，大壺最後倒在一棵樹底下，這整個儀式象徵宗教的融合。那種百萬人凝聚的空前盛況，當時現場無人不感受神聖。

在亂世間，化現依然

地球病了，早已不是新聞，但我總會遙想起在印度的那一段經驗，還有那一群人遵行著千年來的儀式，堅守著宗教信仰的傳統；雖然以不同的形象顯化，卻仍呈現為觀音最圓滿的願行，來照應這個逐漸枯竭的世間。

觀音是賽巴巴，觀音是大自在天，還是路過的任何一位虔敬的信徒？在亂世間，祂仍然化現，仍然不捨棄任何一個機會，不忘度盡一切的眾生，仍然，讓神聖的火繼續燒著。你一定在哪裡遇過祂。

回想印度那次的豐富之旅，內心歡喜。我曾在那裡。

繞著菩薩走一圈

我這輩子，從十五歲聽聞觀音到今天，過得這麼忙到底是為了什麼？我覺得，我所做的就是感恩的事情；我學到釋迦佛的佛法，得到觀音的加庇，讓我的身體就好像冰塊遇到陽光，融化成水一樣地舒暢。

我二十多年前，曾經行腳到大陸的四大名山。四大名山，就是四大菩薩的道場，這個四大菩薩代表四種的功德，悲智願行，分別是大智文殊的五台山、大行普賢的峨嵋山、大願地藏的九華山、大悲觀音的普陀山。

第一個叫大智，大智就是文殊菩薩，祂在山西五台山，常常會化現、顯化，祂會變作老人、小孩，變作各種不同的模樣，鼓勵我們學佛。朝禮五台山清涼山，因為地勢很高，只長草，樹木很少，遍地生了很多的野菇，很多的小菇很好吃的，還有小木耳。五台山有五個高台，山極高，長年下雪，它是文殊菩薩的本願報土，傳說不管宇宙怎麼樣變，那個報土是不會改變的。在那裡，災難病害都是可以免除的。

有這樣一個說法，說五台山的文殊菩薩化成孔子，向世人傳下《四書》，因此中華民族的文化，就是從儒家思想而來，這是孔子給我們傳下來的文化傳統。而孔子本質上是文殊的化身。

四川峨嵋山，則是普賢菩薩經常顯化的地方。峨嵋山最高的金頂，終年寒霧侵逼，上山頂都要換大棉袍；金頂殊勝處，常常會出現太陽暈，會顯出一輪光圈，不知不覺，遊客就被那個光暈罩住。

再來是浙江的普陀山——觀音菩薩的道場。觀音常在海島上顯靈，常在那裡度眾生。以前聽說，那個山上要渡船過去。這裡觀音顯化感應故事特多。比如有一個傳說，有一對姑嫂到普陀山禮佛，小姑因月事來潮，不敢登岸朝拜，嫂嫂就自己上岸了。到了中午，小姑覺得肚子餓，只見一名白衣裙袂的村姑施施而來，給她送飯來。那時正逢漲潮，村姑丟了幾塊石頭到海中，踩過石頭走向小船。後來傳開來，知道是觀音菩薩顯靈。

地藏報土，參拜感應

安徽的九華山是地藏菩薩化身的報土。傳說地藏菩薩是出生在韓國，帶了一條狗，跑到九華山那邊去修行。聽說祂在修行時都不吃飯，只吃泥巴，祂就這樣吃、這樣修、這樣發願，祂的「地藏」名稱是這樣得來的。

祂修了很久以後，有一對父子去護持祂，一個老頭、一個小孩護持祂，祂從此就有信徒了。這些徒弟問祂：「你要不要地？要蓋廟嗎？」祂說：「好。」徒弟說：「你想要的是哪一些地？你只要說，我們統統給你。」祂把袈裟抖開來，把整個九華山蓋起來了，統統都是。這是九華山的來由。

聽說地藏菩薩在那個地方修了七十多年。去的時候，差不多二十幾歲，一共修了七十多年，九十多歲才涅槃的。祂的肉身不壞，曾經有個小孩子用針去刺地藏菩薩的肉身，刺看會不會流血，結果真的流血，所以大家傳說地藏菩薩的肉身是入定著的，還是活著的。

幾年前，有次去朝九華山，我在地藏肉身菩薩那裡拜，拜呀拜呀，要拜一百零八拜，拜到二十幾拜時，卻忘記了數，「咦，剛才是第幾拜了？」又重頭開始再拜。再拜到二十幾拜時，又忘記了，數目又亂了。就這樣，我一直拜，不知道到底拜了幾拜，心想說差不多了，一百零八拜應該有了吧，一站起來，哇，頭昏眼花，昏昏沉沉。

當時一旁的徒弟，在殿裡看著我，他說：「師父，我是因為體力不好，所以坐在旁邊，看著你拜。唉唷，我看到你拜下去的時候是心道法師，起身的時候卻是地藏菩薩；再拜下去的時候，又是心道法師。」

他奇怪問說：「那真的是奇怪咧，師父啊，你喜歡念觀世音菩薩，怎麼會變成地藏菩薩？」當時我也沒理會他，我繼續走，繼續走到地藏成道的山洞。上一次來的時候，我曾經在那裡打坐，坐得很舒服，這次來，卻忘記有那麼一個山洞，我原想隨便四處走走，沒想到，走著走，還是又走回到了那個地藏菩薩修道成功、祂七十多年修行的那個洞。

到那洞時，我心裡倒是很高興，又在那裡坐了下來。坐著時，心想：「我應該做些什麼呢？是坐禪？還是念〈大悲咒〉，還是念南無地藏王菩薩？」我想：「既然是在地藏王菩薩祂一直修行的洞穴裡，不應該隨便，那一定是要念『南無地藏王菩薩』」。我就這樣子一直念、一直念。這次我沒有念到亂掉，把地藏王菩薩稱號念得很確實。這時，奇怪了，好像我身體裡面的「那個」是地藏王菩薩，外面的形體還是我，但是裡面在念誦地藏王菩薩的「那一個」，就是地藏王菩薩呀。我就一直在那個狀態中。

我這輩子，從十五歲聽聞觀音到今天，過得這麼忙到底是為了什麼？我覺得，我所做的就是感恩的事情；我學到釋迦佛的佛法，得到觀音的加庇，讓我的身體就好像冰塊遇到陽光，融化成水一樣地舒暢。當人有業障時，就像是水結成冰塊一樣，被束縛得緊緊的；但釋迦佛的佛法卻像陽光一樣，能融冰，把人都徹底融解了，真是舒服。

我深深覺得，如果我沒有學佛法，如果沒有釋迦佛把這個法傳給我們，讓我們有機會聽聞學習到佛法，那我不可能有真正快樂的事情，我這輩子，身為一個人就也沒有什麼價值了。所以，我內心總覺得一定要感恩釋迦佛。以前一想到這裡，就會忍不住要哭出來。

以前就是這樣，哭得悲傷，又很感謝。但是釋迦佛已經圓寂了，祂到底在哪裡？我又要感恩誰呢？我想，我是不是應該要把釋迦佛的法延續下去，才能夠報答祂的恩德？所以，報答眾生恩，就是報答佛恩；報答佛恩，就是報答眾生恩。想到這一點，我們就不怕苦，什麼也不怕，一心只想讓佛法的種子一直延續下去。

這個世間是這麼的奇怪，很多事情都會被曲解，有時，會覺得好難度化喔。傳說觀音菩薩也有過相同的心情。我們修觀音法門，都會提到慈悲喜捨，但如果像觀世音菩薩的慈悲心發不起來，該怎麼辦呢？我們還是會有煩惱，想著到底要不要繼續發心？要做到多少？要做多深入？

那次在九華山朝聖，當我拜完，從地藏菩薩的修行洞裡出來時，心裡卻清清楚楚聽到這個聲音：「頂戴釋迦佛的使命，腳踏地藏的願力，就是報恩啦！」內心有了使命、有了願力，後面還有一句「心懷觀音菩薩的慈悲」，觀音菩薩讓我們內心變得柔和、柔軟，充滿愛心。

直到現在，我仍時常憶念起那日發的願，「頂戴釋迦佛的使命，腳踏地藏菩薩的願力，心懷觀音菩薩的慈悲。」以此自我警惕，也囑咐我修行的弟子們。

多年來，我也不時推廣觀音法門，傳授耳根圓通的寂靜修、〈大悲咒〉、觀音度亡、觀音薈供，作為傳承的修行，接引行者，祈願把靈鷲山建設為觀音道場，上供諸佛、下化眾生。一直，不忘記向自我如此提醒著。

真心才是互動之道，寧靜才是和平之道——祝福宗博十五歲

一開始，我是從禪的領悟，做了這個博物館。

當我要做這個世界宗教博物館的時候，碰到就是宗教問題——你要做，怎麼做？——你只要表達不清楚，那麼人家就會來攻擊你。

所以我就全世界去跑，一一拜訪各宗教，去自我介紹，講我要做這個博物館，那你們是不是同意？這樣轉了一大圈，到最後發現，他們沒有一個反對我，所以我才敢做這個，就這樣把它做起來了。

博愛是多元共生的循環

這博物館做了以後，那內容就是尊重每一個信仰、包容每一個族群，然後我們共同要做的事情就是「博愛」。其實宗教就是慈悲跟道德，除了慈悲跟道德，我沒有想那是什麼宗、什麼教！就說慈悲吧，你跟我做的，有沒有一樣？有！道德有沒有？一樣！那宗教在這個社會上，就可以存在，我們尊重學習的，就是這些東西。

宗博到現在，我們跟各宗教互動都很不錯，現在繼續要做一個生命和平大學，也就是把「博愛」這塊講清楚。「博愛」就是不要衝突，要轉換衝突，要一個多元共生「愛地球、愛和平」的循環，這個是一個生態，不是一個理念，它是

「多元共生、相依共存」這樣發生的生態系統。

只要存在的東西，都是因緣和合的，沒有一個存在是獨立的。地球是一個生命，是活的生命，有一個組合系統在裡面，我們現在科技把地球破壞掉，戰爭把這個地球打壞了，消費主義把地球資源浪費掉了……南北極一旦破壞，四季沒有了，種植就有問題，生存條件就不在了，因為你把它的系統破壞，那就不生了，就像我們的身體，有地水火風空識的組合，這些要調和，身體才會健康，地球要活得健康，也是有它的條件，所以我現在在推這個「多元共生、相依共存」，我們要做一個大學，研究怎麼讓地球可以活得很好。

和平是多元共生的智慧

九月上旬，我到了紐約，專程去拜訪設計宗博的RAA展示設計公司（Ralph Appelbaum Associates）老闆Ralph奧若夫先生，他是猶太人，他已經設計了上百個以上的博物館，今年剛好是宗博十五週年，現在我又要請他設計我們緬甸臘戌那個大學的民族文化館，緬甸有一百三十幾個民族，這麼多民族本來就不容易和平，所以我在那裡做和平是很有意義的；再來是國際上把宗博的第二波連續做好，這是會有一個助力，就是把多元共生的智慧，更細化去落實。所以，我想現在就是把剩餘的一點生命來投入，就做吧！

那Ralph先生很納悶看我，他問我說：這個世界這麼亂，這麼不好，不管你怎麼做，都不會有什麼改變，為什麼你還一直保持這個心？還要做這些愛跟和平的事情？我說，我是因為禪修，禪修讓我有了這份體悟；再來世界愈這樣，才有我們的市場。後面是半開玩笑的話，前面是真心說的話。Ralph 先生說：那佛陀也沒有講要我們做這些。我說不是這樣，佛陀有講！祂就是教這個！我們共同利益就是：一個地球！我們一起來愛護它。所以怎麼讓地球能夠活得很好，讓地球的生命能夠循環下去，這是我現在的工作。

禪，為世間畫龍點睛

總之，我們的使命就是「愛地球、愛和平」，要用什麼方法？就是「慈悲與禪」！這是我們的工具、方法，也就是產品。真心才是互動之道，寧靜才是和平之道。

說起來，禪是一個生命，你怎麼把這個生命開放出來、綻放開來，那就是要坐禪！我是覺得，生命的呈現不是單面向、單調，而是立體的呈現。生命真是滿美的一個呈現！禪，就是為這個世間「畫龍點睛」，不是去改變什麼東西，你說哪裡不對？你找不出來，你說哪裡不好？你找不出來。

我一生的福氣，可能都是持〈大悲咒〉來的。本來我在墳場那裡開始持，到了福隆山裡也持，我閉關天天念〈大悲咒〉，念到這山裡的靈氣隨時會有一些感應跑出來，氣候也會有它的改變，山神地靈也是人來瘋，滿開心的，有祂們愛現的天分，祂們主要目的是說：如果社會好、人心觀念好，這是祂們很快樂的事情，所以我現在持〈大悲咒〉閉關，就是彼此互動，一起把人間裝飾一下，真是「龍天歡喜」。

二〇一六年六月底、七月初，我們在緬甸臘戍弄曼的沙彌學院正式開學了，有二百多位沙彌入學。九月我們再度回到紐約聯合國舉行回佛對談，這是第十五屆回佛對談，以青年為主，互相輝映，也代表傳承，希望能將宗教對話延伸到下一個世代，也作為生命和平大學的宣示起點。

做一個「愛地球、愛和平」的運動

——二〇一七針對佛教當前問題的反省與建議

二〇一七年三月十七日至十九日由印度總理倡議，印度文化部在印度王舍城國際會議中心，那蘭陀大學舊址，舉辦了一場僧伽領袖大會，主題是討論「二十一世紀的佛教——觀點和應對全球挑戰和危機」，與會者都是當今的僧伽導師，大家聚會共同關切佛教的未來是很貼切的凝聚。我因主持春安居不克前往，仍提供個人一些反省，參酌於下。

前言

感謝主辦單位在這個時間點，召集這樣至關重要又深具意義的聚會。對應現代全球化的變異潮流，我們佛教內部確實要更多這樣的會談、彼此借鑒，與更深刻的反省，凝聚佛教整體的能量與共識，才能不負佛陀傳承聖教的恩德，不負佛陀交付到今天我們這一代僧伽身上的責任，讓正法久住，持續在娑婆世界利益更廣大的眾生。

佛教內部覺醒，看到問題，才能因應

我們都知道，佛陀聖教根本就在戒、定、慧，這是離苦得樂、究竟解脫的唯一正途。離開戒、定、慧，就是虛妄的謬誤道。緬甸僧伽為數很多，其中不乏大成就者，因為他們是佛化的社會結構，恪守傳統佛制的生活法則，嚴整戒律，還有深入阿毗達摩的止觀教育，讓聖教持久不衰。

相較來看，世界潮流下的現代社會有很多因素讓這樣聖教生活容易流失，現代社會的生活太多方便，讓出家很容易流失戒的莊嚴，比方 3C 產品的使用，雖然逐漸變成生活的必需品，但卻極易淪陷沉溺其中。唯有寺院內部自覺管理，回歸戒律的生活法則，加強禪定，深入經藏，才能鞏固傳承。

一般而言，近代藏傳教育或南傳教育的教育體系，一直都比北傳僧院教育嚴謹，但現在也有鬆散的狀況。比如緬甸開放以後，現代世俗化的衝擊讓社會習慣改變，傳統聖教生活整個改變，學習就變得不紮實了，出家人的莊嚴性不見了；因為出離心和菩提心都不堅固，還俗愈來愈多。

根本原因都在脫離戒、定、慧的修學系統，佛教的根基就會鬆散瓦解，就如同失去了生存的基本價值。這包括以下這些問題：

一、佛教內部缺乏「整體觀」：佛教的三乘都是依止佛陀戒定慧的教化，教派只是因應不同社會文化的修持傳統，目標是一致的。在當今資訊交流頻繁的世界，不同傳承和派別應有整體佛教觀，避免不必要的競爭、比較、區隔，避免互相貶抑、排斥，互相抵銷力量，這樣只是造成佛教自身更內耗衰落，所以，不同教派間應該互相讚歎鼓勵、彼此尊重、互相學習。

二、佛教教育被稀釋的問題：佛法教育是佛陀正法能否長久住世、廣度有情的根本，目前普遍全球各地寺院都有僧眾減少的現象，根本原因還是在於寺院本身的體質，當僧伽教育不紮實，戒定慧鬆散、寺院教養體制不彰時，重知識、少實修等等問題，就會到處氾濫成災。

全球化和科技化浪潮的影響，只是僧伽教育雪上加霜的一環，增加僧伽安住常住的困難度。比如流行的 3C 產品，便利之餘，其實也有腐蝕傳承的破壞性，因為，當聖教的學習愈來愈仰仗破碎零散、缺乏實證的片面資訊，也讓傳統僧院實修的神聖性、莊嚴性被破壞。比如二〇〇八年緬甸開放以來，僧侶人手一機，讓本來是極度簡樸的社會，開放幅度過快過大，每年僧侶減少十萬人，這現象很明顯，已經是當地僧伽委員會高度警覺的一環。我們清楚，資訊、大數據的本質是「意識」的加工製造物，依賴資訊來認識現象世界，只會讓心智更習慣分別造作，與道相違，要向道、入道、修道就更困難了。

三、佛教弘法大眾化、通俗化、流行化：網路傳播力強，讓有些出家人不當的流俗文化被擴大，造成社會對三寶正知見的譏嫌與混淆，比如流傳有出家人唱歌，還有出家人跳流行舞蹈、穿著俗服，這樣會混淆僧伽的身分，使得宗教神聖性變質，傷害出家人的自我威儀和形象。

四、附佛外道的問題：伴隨僧伽流失問題，則是佛教寺院如何加強辨正法要的能力、如何引導正信，這是互為因果的。比如坊間的相似佛法、附佛外道，還有各種流行身心靈開發課程，這些教派或課程，往往參雜許多似是而非的佛法概念，會模糊了眾生的方向，不知如何尋求真正解脫之道，誤導眾生錯誤知見。

五、佛教產業化的問題：這個問題牽涉整體社會與護持三寶的互動機制，如果寺院普遍面臨經濟的威脅挑戰，就極容易導致引入變相的商業手法。比如有些內地寺院過度商業化，宗教聖地被觀光化、旅遊化，運用大量商業廣告來包裝和宣傳，造成當成景點參觀和膜拜祈求現世利益的人居多，寺廟也因此成為觀光景點和商業經營中心，不但失去了寺廟對民眾身心靈的教化功能，也喪失寺廟在民眾心中的神聖形象。

六、其他世俗化問題：佛教界如何適應現在全球化社會的生存之道，面臨廣泛而普遍的挑戰，必須要方方面面都提升能力，才能適應全球化時代下的政治、經濟、法律、科技、學術各個社會領域的衝擊，這是寺院生存無法迴避的重要趨勢。諸如宗教應該如何與政治、經濟勢力保持良善的互動關係，在接受其護持的同時，也能引導啓發其正見正信，而不會迷失在世俗利害關係中；宗教應該如何站穩自身的立場，參與世俗議題的討論；以及法師和信眾之間的互動關係應該如何拿捏的問題，都是需要思考與釐清的。

針對以上問題，提供以下重點建議

一、加強寺院體制管理、扎根僧伽止觀教育：

全球化、資訊化、消費化對傳統文化造成衝擊是全面性的，佛教傳統叢林教育一方面急於因應，一方面逐漸傾向知識的累積，或是教條化的背誦，真正核心的實修法教反而被忽視，變得薄弱，戒律生活管理逐漸鬆弛、懈怠。

事實上，外在環境的衝擊不是佛教的根本危機，我們僧伽忘失根本，才是危機所在。僧才養成教育有其嚴謹的培育過程，需要常住護持。

佛陀解脫道的止觀修習，是訓練正念、出離妄念的核心智慧，恰恰正是當代所需的解藥，如今時代的變遷，更突顯止觀教育的真實力量，才能因應現代快速迷妄的資訊的衝擊，我們應該更加珍惜聖教。遵循佛陀無二的教誨，皈依修證上師，是自古不滅的傳燈。

還有如何在全球化時代，令寺院經濟無後顧之憂，例如虛雲老和尚提出的「工禪、農禪」，將傳統與現代結合，堅持祖師「一日不作，一日不食」的遺訓，更具迫切意義。也有許多僧團，靠各自努力，成立友善志業，事實上「常住觀」

是關鍵的，所謂的「常住」就是依循佛制「六和敬」的僧團，也就是包括上師、常住三寶、護法等七眾弟子與社會共生關係。所以，現代叢林需要堅強僧團，也需要精進的護法會、居士林，例如結合社會企業友善機構模式，穩定寺院經濟，讓三寶、護法有一套可落實的功德林規劃。

二、三乘要互相尊重、有整體觀：

傳承諸佛法、利益一切眾，是我們僧伽共同的責任。各有各的傳統禮儀、風俗習慣，所以都要互相尊重，不要排斥別人，不要批評別人，我們對於任何三乘正統的傳承都應該尊重、珍惜、讚歎，因為不論三乘任何宗派、任何傳承，都離不開佛陀的傳承、祖師的教化。

教內部要能夠求同存異，相互交流，相互理解和接受，達成團結的共識，進一步也要與其他宗教交流。《大般若經》說：「於此般若波羅蜜多甚深教中廣說三乘法。」團結三乘寺院，交流僧院體制，教育即組織、組織即弘法，扎根僧伽教育，才是常住興盛的根本之道。所謂「僧讚僧，佛法興；常住旺，傳承旺」。總的來說，無論跨教派交流或是跨宗教交流，都要從尊重開始，建立互信、傾聽、理解、包容，才有良好的互動，創造友誼聯盟，一起努力合作解除世間的苦難。

認識宗教的共生關係，加強各宗教交流

宗教的神聖性與存在價值，來自於這是人類慈悲與道德的泉源，也是社會靈性提升的引導。佛教各宗派都是為了利益眾生而傳承的，佛教與其他各宗教也都是人類精神文明的總體呈現，因此，各宗教之間的關係應被視為人類文明的共生關係，是宇宙生命智慧的莊嚴花園。

在這個全球化時代，宗教之間學習良性互動之道，對廣大信徒的靈性成長與支持，是刻不容緩的教育。因此，宗派之間、宗教之間，如何彼此尊重、包容、誠懇交流、對話連結，達到一個共同利益的整體共識極為重要。

我們宗教界多一分的正面主動積極、共同努力，對提升人類的靈性與道德傳統，將是至關重要的關鍵，也導正因價值混亂造成的衝突對立，可以降低物質貪著，防止地球陷入重重危機之中。

三、共識「愛地球、愛和平」的願景：

現在地球是充滿危機的，當人的貪念欲望強盛，靈性就有危機；當物質科技取代精神文明，神聖就被稀釋；當資訊愈多愈快速，人的生命就更漂浮和不實際。世界的貪染已經非常極端，到處潛伏著衝突戰爭的基因，地球生態也是面臨崩潰重整的威脅。

佛教要共識，宗教要共識，宣示我們對地球有責任。唯有地球永續，人類才會永續，宗教界對人類生命傳承有很大的責任與愛心。

唯有宗教界提升整體自覺，相互共識合作，共同維護靈性的聖潔，讓世界不要物化、不要對立，以慈愛轉換衝突，才能扭轉地球所面臨的危機與挑戰。

我們只有找到宗教共同的利益與願景，並由此產生行動目標，也就是「愛地球、愛和平」，這不是口號、不只是理念，也不只環保，而是維護多元共生的全球體系。

這是一個「愛地球、愛和平」的生活運動，我們消費多少，就要償還多少，所以不要消費主義、不浪費地球資源，要轉換衝突、弭平戰爭，一起轉換地球的業力，全面的改善引導一種與善業、解脫道相應的生活方式，才能莊嚴地球，變成良性永續的淨土報土。

結論：多元共生、相依相存

今天會議至關重要，面對當前的時代考驗，唯有佛教界，真正覺醒聖教的力量，凝聚共識，承擔起愛地球、愛和平的啓動者、維護者角色，連結各宗教來轉換地球的業力，化解地球的危機，讓人類社會可以多元共生、相依相存。

「愛地球、愛和平」不是誰的責任，而是全面性的覺醒，唯有人類遵循「相依相存」的法則，才是人類永續發展、宇宙永續生態的真理。

祈願——世界和平美好！地球和諧平安！

傳部——窮和尚的大夢

上主榮光 諸佛心意

口述：王榮和（天主教臺北總教區和平之后堂主任司鐸）

文：楊蕙綺

二〇一〇年十二月三十日，站在基隆車站旁的海港，雖然是煙雨紛飛的天氣，但卻絲毫沒有沮喪無力的氣息，因為再過一天即將迎接二〇一一年曙光。今天專程拜訪的宗教耆老——基隆和平之后堂王榮和神父，他是天主教界德高望重的「FATHER」，「出家」超過六十年了。剛好前一週耶誕前夕，王神父一如往年，把深坑隱修院修女們親手烘焙的十幾條大土司、手工餅乾及手繪耶誕賀卡，送到靈鷲山基隆講堂，請徒弟趕在耶誕節前夕送上山給心道法師。這位臺灣天主教界無人不敬重的「王神父」，不僅參與世界宗教博物館的籌備計畫，更是看著心道法師從一無所有的苦修行者，一步一步走過近四十個年頭，直到宗博開館十年後的今天。任誰都不免格外好奇這一段神父與師父之間的「道情」，即使大家早就耳熟這一對「忘年好友」！

跨宗教忘年交

王榮和神父已逾九十高齡，但是說起話來可是一點也不含糊，他清晰的口條、慈愛的眼神，緩緩地描述著和心道法師相識的過程。

三十年前，王神父聽說在福隆荒山野嶺潮溽的洞窟內，有位苦修的修行人，於是專程到山裡尋訪心道法師。當時的心道法師雖然在斷食閉關中，一聽到王神父來訪，連忙迎禮說：「真是不應該！我這晚輩應該先去探訪您，怎麼卻讓您先來照顧晚輩我，真是慚愧啊！」王神父回憶那景況，心裡還是很不忍：「那時候，看到一個年輕人因為長期斷食閉關，真的好瘦！」但是，看著眼前這位年輕人這麼孤獨用功精進在修行，還這麼謙虛有禮，心裡頭滿滿是感動。「年輕人不容易啊！」當年王神父拍撫著心道法師的肩膀說道。

時光荏苒，前後近四十年不間斷地真情互動，心道法師無時不感念這一路的點點滴滴，至今逢年過節都親自問候王神父，平日也指定基隆講堂的徒弟們要「就近」時常去探望關心王神父，以及其所轄屬的亨利幼稚園所需。

心道法師認為，信仰是因緣，人人緣分不同，而所有宗教都有共同拯救世人的大愛，本質不應是排除異己，人們需要宗教來指引生命前進的方向，需要信仰來支持面對無常的不安，而各宗教應該放下分別心，互相學習、互相尊重，共同幫助人們，推動愛與和平。對於心道法師的心胸，王神父總是豎起大拇指說：「心道法師就是有這個大心大愛，無私的精神，我很佩服；宗教這種心靈事業，就是該團結起來，既然大家都是希望社會能夠更為良善，本就該真誠敞開、互相了解才是。」一話說到這，王神父頗顯振奮，鏗鏘有力、字字肺腑。讓我們這後生晚輩也不禁動容而汗顏。

共同催生宗博的默契

說到心道法師跟王榮和神父的關係，有幾件事不得不提到，心道法師第一個外國皈依弟子是由王神父所促成的法緣。這位德國天主教家庭出身的 Maria Reis Habito 來臺留學期間，在王榮和神父引導下，也前來宜蘭龍潭寂光寺向心道法師學禪，據說，當晚 Maria 夢見六個太陽當空，翌日稟師，心道法師為她皈依取法名「慧月」。說起這一段奇妙善緣，Maria 後來總是津津樂道說：是心道法師把她帶到聖主基督的面前，讓她領受到真理的滋味，她說她仍然是天主教徒，皈依後更貼近了上帝。王神父回憶說：「當時心道法師也預言『將來』慧月會跟著他到全世界交流，果然，相隔十多年後，慧月已經是一位通曉五國語言的知名宗教學者，在心道法師為籌建宗博館走遍世界各地進行國際交流時，慧月一直扮演著重要推手或翻譯的角色。直到現在。」

王神父也提及，心道法師長期以來特別照顧位於深坑的「聖母聖衣隱修院」。靈鷲山每每有法會啟建時，都會預留薈供品等實用物資，特地帶去給隱修院的修女們。曾經有次颱風在夜晚襲來，風強雨急，靈鷲山大夥忙著防颱、救災，一時疏忽關心在隱修院的修女們，結果，她們足足兩天都沒有東西吃。從此以後，心道法師每逢法會年節，總是叮嚀弟子務必關照隱修院修女的生活及需求。所以，每逢平安夜修女們也會貼心回禮或寄賀卡給心道法師，她們最希望心道法師能夠撥冗教導她們禪修。

王神父說：「在隱修院，修女們是終身禁語、發願禁閉的，彼此之間不能互相交談，不打電話、看電視、讀報紙，隔絕一切紛紜熙攘的訊息，這些修女們從進入隱修院修行以後，奉獻一生來服侍天主，終其一生於隱修院內過著苦修生活。修女們一天的生活從清晨五點便開始念經、祈禱、彌撒，生活中除了三餐，還各有負責的勤務，做衣服、麵包、種菜、手工品等等。」

修道無二，真理一味

王神父說：「其實，修女們的生活跟靈鷲山出家僧眾一樣，雖然教義經典不同，所侍奉的『主』也不同，但追求世界和平是相同的，為全人類福祉著想也是一致的。心道法師說過，『打坐』是一種『閉靜』狀態，讓心與靈合一，慢慢觀照本來的靈性，而『祈禱』也是如此。當我們的靈性與天主靈的互動觀照，做久了就是大靈的呈現，這才會長久永恆。」

我想，觀照自心，聆聽內心的聲音，是一種內心體驗與明白，是遠遠超過語言所能描述的。我認為，在打坐及祈禱時的「靜」，不是一種頑空死寂，而是充滿生命律動之感，如同王維在〈鳥鳴澗〉中所描述的「月出驚山鳥」般，萬物最美的聲音稱之為「大音若稀」。而這是心道法師與天主教彼此之間的道情與珍重，心道法師希望透由宗教之間互相學習與認識，彼此能夠尊重，共同推動社會的愛與和平，在人們迷失方向的時候，幫助他人找回自己的原點，也希望更多的人，能共同發起善良純真的心，帶給大眾更多愛心分享，帶給社會更大的福祉與安定。

來自教廷的神聖祝福

鮮少人知道，在二〇〇一年宗博開館時，天主教教宗若望保祿二世透過天主教臺北總教區副主教王榮和神父，贈予來自天主教聖地——梵蒂岡的祝福狀。這份手繪祝福狀是來自教廷最高的祝福，肯定心道法師致力推動世界和平的用心。

王神父在基隆和平之后堂區任主任司鐸至今已超過五十多個年頭，王神父有著山東人的豪爽、古道熱腸、善解人意的個性，日夜為他人奔波，助人排憂解難。在當年僅五十坪的土地上先以克難方式，搭建紅瓦簡陋平房的臨時聖堂及神父的宿舍，而後才改建如現在所見的四層樓房，附設了天主教私立亨利幼稚園及亨利大專活動中心。王神父親自管理並任職院長的天主教基隆聖母醫院，更是視病猶親，且免費幫靈鷲山無生道場的僧眾看診，諸多為善不欲人知的義行，至今靈鷲山幾乎沒有人不知道基隆聖母醫院的所在地，以及那位永遠笑容可掬、慈藹祥和的老院長。

王神父笑說：「司鐸的生活是一種服務，主要任務包括服務聖道、聖事及聖體、成為天主子民的領袖，就如基督一般，為服事他人，以百般的忍耐和各樣的教訓，去勸勉、去見證、去宣講。而心道法師所成立的世界宗教博物館以提倡『尊重、包容、博愛』才是了得！宗博館成立是以拯救世界人類心靈為宗旨，不僅是宗教界的大事，也是邁向世界宗教和平的重要時刻，這很偉大的啊！」看著王神父不停稱讚心道法師，我們看到一位同樣沒有藩籬的大宗教家，心心相印的真誠，雖然彼此宗教有別，然而有別的何嘗不是凡心？真理一味豈能區隔呢！

兩位大成就的長者彼此相互珍惜這美好的友誼，從心道法師在六十壽誕法會上說過的一段話可看出：「王神父八十好幾，我過這個生日感到很慚愧，還差了二十幾年，不過我們能相聚一起就是個善緣。」在二〇一一年開春迎新之際，王神父也誠摯為靈鷲山所有僧信祝禱，祈福大家在新的一年都能真心和諧、神形安康，常保心靈知福知足，才有幸福的喜悅；致力感恩奉獻，才能真正快樂生活。

宇宙旅人，行過華嚴世界

文：韓金科（前陝西法門寺博物館長）

——一別十七年，韓館長二〇一一年重遊靈鷲山，初遊宗博館，他看見了靈鷲勝境，在宗博與神聖相遇……

一九九四年十一月十三日至二十四日，我參加國家文物局局長張德勤率領的文物代表團參訪臺灣。二十二日傍晚，我們從臺東花蓮回臺北，已是天快黑的時分行進在靈鷲山下，心道法師走到車前，誠邀代表團上山。汽車在黑幕中盤旋了好長時間，到了靈鷲山上心道法師的茅棚。周圍什麼都看不見，只是長長的茅棚內亮著微弱的燈光，屋內十分簡陋且寒氣逼人。我們一行魚貫而入，一字長隊席地而坐，心道法師深情地講述，他發心要在靈鷲山建世界宗教博物館。這個場景讓人不可思議。心道法師講：「我發心建設世界宗教博物館，希望以宗教的力量在世界講述『愛與和平』，希望不同宗教、不同族群都能做到尊重，包容、博愛……」

我們一行左右張望，這是高山之上的茅棚，那無盡的翠綠和幽黑是山巒和樹林，大殿呢？文物呢？——什麼都沒有，只有心道法師和十幾個法師，這與世界宗教博物館相距何止十萬八千里，我心裡深深沉了下來：「這行嗎?!」

從「無」開始發生

夜靜了，汽車在山中盤繞，出山便是兩邊路燈的高速公路，迎著細雨，眼前燈光通明的臺北市與身後的青黑屏障形成巨大的反差，我們的心裡一直縈繞著這樣的念頭：「心道法師的世界宗教博物館渺矣、茫矣！」

汽車穿梭在山林中，十七年前的茅棚未曾見到。車旋上靈鷲山猛地下坡，拐進了一個狹長的空間。眼前一長排大殿巍峨屹立，背後層岩疊嶂像是從天上吊下來的綠色螢幕，腳下一片雲海，向著浩瀚的太平洋，一陣陣沁入心田的誦經聲、鐘磬聲告訴我，這就是靈鷲勝境。我參拜著，聆聽著、思索著，眼前的一切怎麼想都與十七年前夜幕中的靈鷲茅棚連不起來，這偌大工程的盤山公路，這凌天而立的大雄寶殿，那當年茅棚微弱燈光下心道法師誠摯的面孔，我茫然了！

我驚歎靈鷲山人的深厚根基。邊談邊走，經過一條通道，到前邊的一個小空間，我們坐了下來。這是心道法師的會客室，幽靜整潔，清淨非常，別具一格。正領略這佛地勝境，心道法師來了，我迎上前去。由於那場特殊的會見，心道法師的形象印在了我的腦海裡，今天一見，竟然比十七年前還顯年輕，臉龐光亮，雙眼炯炯，步態輕盈。他舉重若輕，眼前的豐功偉績對他來講像微塵一樣輕浮，談話就直奔世界宗教博物館。他說：「世界宗教博物館已經十年，她是天的恩賜，是在臺灣看到的和平明燈；她啟示和平、召喚和平，由心的正念到信仰、到達家庭的和樂、社會國家的和諧、世界的和平……」

十年築夢

我的內心受到強大的震撼。十七年前心道法師在靈鷲茅棚談世界宗教博物館時，就其文物一項足以讓我們感到十分遙遠，十分渺茫，但在我們離開後就啟動建設，並於二〇〇一年世紀之交建成開館，今年已是十年紀念。更使我振奮的是，心道法師對世界宗教博物館主旨的闡述：「臺灣社會擁有包容各宗教、種族、文化的能力，得以讓世界宗教博物館『尊重、包容、博愛』的理念深入發展，而這種精神不但是人類文明進步的指標，亦是宗博館所代表的時代意義。」

細雨濛濛，車入臺北，我還在靈鷲山的夢中，不知不覺就到了世界宗教博物館門口，此時已是下午五時多下班之際。迎入朝聖步道，在朝聖者圖像的陪伴下，我思考生命問題，希望與神聖相遇，希望有所開悟而獲得「不凡的經驗」。耳旁響起了江館長的聲音：「在這裡，是創辦人心道法師希望將宗教的力量帶入現代社會的具體作為，不僅限於各種宗教的獨特性，也試圖讓每個宗教之間自由地進行對話，進而消弭爭端與衝突，最後期望人們能重新尋回一份心靈的安住……這裡的一切，就是將心道法師所闡釋的『尊重、包容、博愛』宗旨，化為具體空間，使宗教知識與展示內容更具世界性、豐富性和多樣性。」

無盡的緣起

我通過上有星空、下為寰宇象徵圖的金色大廳到了宇宙創世廳，觀看宇宙創始與毀滅迴圈的影片，瞭解了許多宗教傳統及其共通處，以宏觀的視野看待宗教，迎向生命之旅。這裡給我最大的啟示，就是形象地感覺了佛教，特別是佛教密宗的「緣起性空」說。當代許多佛學家、著名學者包括天體物理學家，都在論述宇宙生成、天體物理學與佛教的「緣起性空」說，今天在這裡有了感悟。在生命之旅廳，從宇宙視野到人類自身，看到宗教與個人生活的連結及其所扮演的角色。經過生命覺醒區，我受到世界各宗教領袖、名人見證生命的警示，從中獲得意想不到的靈感與力量。在靈修學習區，我集中看到佛教、道教、基督教、印度教、伊斯蘭教和猶太教等六大宗教的靈修方式，耳目一新。之後，我進入了華嚴世界，佛教華嚴思想「一即一切，一切即一」，透過一百八十度特別的投影設備及身歷聲效，身臨其境，體驗不可思議。

由此，我想到法門寺佛教聖地的宇宙法界……

由此，我聽到心道法師的聲音：「希望透過宗教的團結與和平，讓每一個眾生都有機會接觸到宗教的善知識，讓每個人都能以愛心、善念、尊重、包容、博愛來感化並對待地球上的每一個生命！」

我走出了世界宗教博物館。

夜幕降臨，我看到了靈鷲山的佛光，通向遙遠的寰宇，通向無盡的未來……

包容，非僅是一個石窟

口述：漢寶德（已故世界宗教博物館榮譽館長）
文：阮愛惠

心道法師對我有一種「知遇」之情，他完全相信我，尊重我，沒有大法師「說一不二」的氣勢，很能包容他人的想法。換另一個角度說，就是心道法師很能判斷，因為他要不要信任別人，也是要經過判斷，就像在打賭，把錢拿出來交給別人辦事，不就是一種賭注？

靈鷲山

宗博在臺灣誕生的特殊意義

世界宗教博物館的成立，在臺灣是一件很特殊、很值得重視的事。因為它有幾個特色，其一，它的主題獨樹一幟，不只全臺灣，也是全世界唯一的。世界上很多博物館都是為某一事件、主題而設，但它是為了全世界的宗教而設，這是令我們感到驕傲的。其二，世界宗教博物館的表達、展示方式和其他宗教博物館不同。其他的都是單一宗教、文物性的博物館，以紀念、記錄為目的；但我們的是理念性的博物館，以傳達理念為目標，是教育性而非紀念性的，這也是世界少見的。其三，既是為了推動某種崇高理念而成立的博物館，我們必須承認它在臺灣的經營很不容易，看不出有什麼社群會對它有興趣。

然而這座曲高和寡、堅持某種理想的博物館，顛簸之間，也走了十年一段長路。十年的博物館並不老，但這第一個十年走得不容易（註：此文寫於二〇一一年。至二〇一七年，宗博館已走過十六年），未來要怎麼樣發展，可以有更多的期待。

擔任創館館長的知遇

我自二〇〇二年三月就任第一任館長至二〇〇八年六月卸任，六年多的歲月，是我博物館人生的一段特殊經歷。

世界宗教博物館籌備期間，靈鷲山的心道法師來找我，講出他想蓋宗博、展現全世界宗教精神，進而推動世界和平的理想，這個理想讓我打從心底佩服。我一再告訴他，博物館是很賠錢的，他還是不肯放棄。我記得我們一起在林明美女士家裡吃過飯，還不斷在討論建博物館的事。心道法師從一開始就知道博物館是一定會賠錢的，但他一定要做，換作別人，很可能會打退堂鼓，心道法師的堅持，令我很佩服。心道法師邀請我一起來籌建宗博，但那時我尚未自臺南藝術大學退休，而且我對宗教的事務了解不深，所以我表示不可能過去。後來我從南藝大退休了，很想輕鬆一下，也有很多想做的事情，但還是又到國家文藝基金會當了一年董事長。世界宗教博物館開幕之後，有一天，我帶著南藝大的學生去參觀，之後借了一間小教室跟學生作講解。

因為看到我帶學生來，而且當時館長的位子又空著，所以靈鷲山又想起我這個人來。心道法師請了幾位法師來家裡找我，我說，那我先做三個月看看，可以的話就做下去。因為我覺得我和靈鷲山的關係很好，我不想不歡而散。前三個月，先面對董事會，我提了一些建議，他們大致上接受，所以之後我沒有辭職，一做六年多。靈鷲山佛教教團對我非常尊重，我有很高的主導權，所以很多想做的事都能執行出來。一個博物館，是活的東西，可以有很多改變。但這個博物館的實質條件不能改變，就是它位於百貨公司的樓上，「意象」不太清楚。博物館很依賴一種「IMAGE」，如果我們是在空地上蓋出一棟特殊的建物，大眾不管有沒有進去參觀過，都能有深刻的印象，相對的，這個博物館的影響力才容易推展、才能永久化，所以世界上的博物館都很重視建築外觀。

宗博載體的因緣與限制

世界宗教博物館的場地問題是先天的，也是無法解決的；所以我在當館長的任內，一直想改大門。大門門面往內縮，走在路上根本只看到百貨公司，看不到宗博大門，我想把它拉出來，但縣政府都以建築法規來阻擋，一直無法實行。

我在當館長的前兩年，滿腦筋都在想如何和縣府合作，在永和找一個公園建宗博的分館。但除了政策、法令的問題外，後來我發現靈鷲山的財務也無法再負擔擴建一個宗博分館。世界上所有的博物館都是「賠錢貨」，都無法財務獨立、自己養活自己。既然本館都必須慘澹經營，哪有餘裕再增分館？

建物本身的問題無法解決，那我就從展示內容做起。我剛當館長時，一年有一億多的經費。我具體做的幾件事，包括虛擬聖境——宗教建築縮影，華嚴世界的影片，以及兒童生命教育館的成立等等。兒童館的成立不但解決了零碎空間整合的問題，也把來館觀眾的年齡層拉低，讓幼兒、小學生都能踏進宗博館。

後來我又發現，世界宗教展示大廳內的文物，有很多是跟別的博物館借來的，簽了短期借展合約，期滿之後還人家，不就空蕩蕩了嗎？所以我趕快決定，有哪些是可以抽換的、有哪些可以取得複製權的，我們花了很多時間跟那些大博物館溝通，趕在借約到期前，請林健成先生完成了複製品，並且重新簽約。

事實上我在做這個計畫時，很多人不贊成，我知道法師們本來的想法。因為那個大廳非常好用，又方正、又寬闊、又莊嚴，前方有大圓球，中間兩根大柱子，兩旁又有世界宗教文物，排起椅子辦活動，好得不得了，心道法師很喜歡用那個空間來辦教團的一些活動。我知道心道法師的想法，但我不願意那個空間這樣用，因為一個博物館不可以用來辦活動，兩邊的文物也禁不起聲音的喧鬧、人潮的波動。心道法師知道我的意見，後來就不再動用那個場地。

但那個場地實在太空曠，而且這個博物館也還欠缺一個可令參觀者留下深刻記憶的元素。雖說這是一個「理念性」的博物館，理念性的東西當下雖能打動心靈，但卻容易過目即忘。我很清楚博物館訪客的慣性，所以一直想做一種讓他們回家後還記得住的具體東西。

堅持跨宗教的包容

事實上，在我決定做宗教建築模型之前，還有幾個方案。最初我想做的，是復原一個石窟，無論是敦煌莫高或雲岡都好。觀眾來到這個石窟走一趟，回去後一定記得。我很想做這件事，因為我到大陸去看過石窟，至今印象深刻，我可以選一個石窟來複製在宗博館內，保證讓人永生難忘。但當我把這個想法告訴心道法師，他不同意，他說：「這樣太過強調佛教了。」我認為這個意見一針見血，我當下放棄這個構想。心道法師能這樣說，心胸是寬闊的，我一聽，認為他非常正確。雖然我至今都很想做這樣的一件事情，但心道法師那時的判斷，確實是非常可貴的。

我相信大部份佛教界的領袖都有文化上的使命感，可是心道法師的文化使命感是更廣闊的，例如，他支持我在宗教博物館做的這些事情，包括推行生命教育、成立生命教育的社團組織等，其他的教團不可能做到。後來也有和其他大教團的法師們相見的機會，他們也想做超乎宗教的文化設施，但我和他們接觸過之後，發現他們極難擺脫教團的本質，也不可能和俗世真正地合作無間。

心道法師對我有一種「知遇」之情，他完全相信我，尊重我，沒有大法師「說一不二」的氣勢，很能包容他人的想法。換另一個角度說，就是心道法師很能判斷，因為他要不要信任別人，也是要經過判斷，就像在打賭，把錢拿出來交給別人辦事，不就是一種賭注？

我很感激心道法師，他很看得起我，讓我在晚年多做了些事情。

發現宗博的驚歎號

口述：林保堯（國立臺北藝術大學傳統藝術研究所教授）
文：阮愛惠

——不要小看這件事情，因為一個人在小時候，有過某種特殊美好的經驗之後，長大以後，他就會建立起與這個經驗相關的觀念，以及去做與這個經驗相應的事情。

林保堯教授是臺灣美術史的權威，與宗博館結緣甚早。二十多年前，了意法師帶著哥哥來找林保堯，原來他的哥哥是林保堯北師的學弟。那次的會面，他們第一次談到心道法師要建立世界宗教博物館的構想。

站在宗教文化研究的人的立場，當時林保堯就認為，臺灣多一個這樣的空間、多一個這樣的平台發展，是求之不得的。那次見面之後，他大概知道一些構想，去過幾次福隆的無生道場。但當時對於世界宗教博物館要設在哪裡都還沒有定論。後來終於敲定落腳在永和，也展開一連串的軟硬體規畫。

有一天，心道法師和了意法師、大藏法師到林保堯家中來，談話中，他跟心道法師說：「我雖然是做宗教、佛教的研究工作，對宗教博物館的創立有一份責任；但做研究和規畫博物館的設立是兩種不同的專業，建博物館不是我的專長。」他向心道法師推薦江韶瑩教授，因為在當時，臺灣各縣市文化中心的博物館，大約有一半以上都是江韶瑩教授規畫的；另一半，則大多出自呂理政教授之手。他們兩位，是早年對博物館的規畫與經營最擅長的專家。

江韶瑩教授後來果然成為世界宗教博物館成立的重要推手。世界宗教博物館終於在永和正式成立了！在人口稠密的中永和地區，能夠建立起這樣的一座博物館，是非常值得的。雖然它的功能不在宣教，但它卻是都會人的一個心靈道場，也是博物館另類的空間生命。最起碼，附近的中小學，都有一個很好的校外教學場所。林保堯說：「不要小看這件事情，因為一個人在小時候，有過某種特殊美好的經驗之後，長大以後，他就會建立起與這個經驗相關的觀念，以及去做與這個經驗相應的事情。」

林保堯說：「世界宗教博物館誕生在都會區，就是一件很美的事。過去宗教的追求都要到深山的道場去尋找，但對新興的都市文化來講，在繁華的地區建立世界宗教博物館，交通便利的條件，能吸引更多的人前來。江韶瑩教授擔任宗博館的館長之後，以他的傳統藝術專長，及博物館學的實務經驗，更把世界宗教博物館的面向變大，提供市民一個常民生活文化的場域。」

當宗教遇上博物館

臺灣的世界宗教博物館，適當地提供了一個世界宗教的縮影，這就是它獨步全臺的特色。博物館吸引觀眾的方式之一，就是做出一種特殊性、排他性，唯我獨有，大家才會來。臺灣宗教的系所不多，教科書中對這方面提及很少，年輕人對宗教普遍很陌生。但人在社會上度過了穩定期後到了中年，一定會面臨兩個問題：一是生活品質的提升，一是生命靈性的追求；前者朝向藝術，後者通往宗教。二、三十歲的人，大多對宗教沒有興趣，三十以後到八十歲，永遠都有人會踏進來。現代人平均壽命提高，所以這個市場很大。國內幾個大教團的興起，都不是靠政府力量，而完全由信眾支持。

以前宗教的傳播，主要透過道場，大家去道場聽師父說話。但學術上的真理、物質上的文化、文物的概念，道場裡沒有，道場裡也沒有對其他宗教有平等的觀念、關懷的角度。道場只能用「主人」的立場，來為「顧客」服務。但世界宗教博物館不是這樣，「博物」就代表有很多東西在裡面了。道場裡有很多東西都是很好的，但它在教育、生活方面，比較無法涵蓋。現代的人常有機會出國，必能見識到世界各國豐富的宗教文化面貌，臺灣的世界宗教博物館，就適當地提供了一個世界宗教的縮影，這就是它獨步全臺的特色。

當初心道法師不是要蓋「佛教博物館」，而是世界各宗教的博物館，這種構想是非常超脫的。其他教團也都有自己的文獻、文物展示空間，但只有到靈鷲山的世界宗教博物館可以看到世界各家，這足以使它成為臺灣的唯一。我現在每學期至少會帶學生到世界宗教博物館上一次課，因為有很多東西，學生無法到印度、東南亞等地去看，但進了世界宗教博物館，不管是文物或模型，至少學生對世界各大宗教馬上能建立起概念。

我非常推崇宗博在二〇〇九到二〇一〇年六月推出的「慈悲自在觀音特展」，展期之中，我帶過大學部美術系的學生及傳統藝術研究所的研究生去看過三次，看過那個展覽之後，對我們的課程增益很大。

世界宗教博物館的腳步漸漸穩健，對於她的未來，我也給予高度期許。臺灣社會對於各個宗教都是包容而祥和的，因為臺灣移民社會的本質，就是會在安定下來之後感恩大地、感恩自然，這也就是為什麼臺灣各地大小寺廟那麼多的原因。臺灣人對於家族能延續、家人能豐足，最要感恩的就是來自形而上的宗教護持，所以一旦開始有能力，就馬上回饋宗教。

我想，如果以世界宗教博物館作為臺灣宗教的樞紐，其他各大寺廟視為宗博的分支的話，宗博館的展覽及活動，他們也能對話或者延續的話，我想應該可以達到兩種意義：一是世界宗教博物館從臺灣的地方性扎根，二是臺灣的地方宗教也找到放眼世界的平台。

這個和尚有點「怪」

口述：呂理政（臺灣博物館學、人類學家、前任國立臺灣歷史博物館館長）
文：阮愛惠

心道法師的確有一點「怪異」，道場做得好好的，為什麼還要再建一個博物館？當時我有一個憂慮，也直接把我的憂慮向心道法師表達過。

從一個「怪異的」心願開始

我和靈鷲山、和心道法師的認識，確實是一段奇妙的機緣。我是透過佛教史專家林保堯教授的引薦認識心道法師。當心道法師發願籌建世界宗教博物館時，初始大家都不明白他為何要創建世界宗教博物館；而我在大學時代，即與現任宗博館館長江韶瑩熟識，他專攻臺灣工藝，當時我們都是陳奇祿老師的學生，後來兩人成為莫逆之交。所以當林保堯教授拉著江韶瑩教授一起去協助心道法師籌建宗博館時，江教授對我說：「博物館你比我在行，你也要來才行！」我自人類學系出身，早年在中央研究院民族學博物館工作，後來成為專業的博物館人。當我聽到心道法師如此宏願，我心裡思忖：「到底我們能協助他什麼？」

心道法師的確有一點「怪異」，道場做得好好的，為什麼還要再建一個博物館？當時我有一個憂慮，也直接把我的憂慮向心道法師表達過。我說：「蓋博物館是一個艱難的事業，並不是有一座房子、把文物擺在裡面就可以了。博物館需要完整的硬體軟體，要有專業的工作團隊長久為這個博物館付出。博物館可以說是一個百年事業。如果以佛教入世的弘法和教化來說，應該還是建道場比較合適。我並不反對靈鷲山建博物館，可是要先了解它的困難，以及認清它基本的使命及價值。」

心道法師說：「沒問題啦，就是要做。」所以接下來，我們先要了解的是，靈鷲山這個佛教事業團體，它的願景是什麼？心道法師很明白地說：「就是傳述尊重、包容、博愛的理念。」道場面對的都是信徒，博物館接觸的卻是廣大的群眾，如何透過不同的宗教展示，來表現「尊重、包容、博愛」？

從歷史上來看，不一樣的宗教信仰，是最不能互相尊重和了解，彼此間也經常發生大大小小的衝突，這種情況自古至今皆然。我心想，心道法師真是一個怪人，他選擇最容易互相衝突的「宗教」場域來談尊重和博愛，到底有沒有辦法做到？我當時感到很有興趣。

而且心道法師要做的不是佛教博物館，而是世界宗教博物館。據我所知，很多宗教團體都有自己的文物館、歷史館，用來保存及宣揚自己所信仰的宗教。心道法師卻說，我要展示世界五大宗教。我向心道法師表達，五大宗教只是統稱，宗教其實是人類廣泛的文化基礎；信仰就是人類最基本的文化。當信仰成為一個有團體、有教義、有祖師爺時，才成為有「宗」有「教」；但信仰則是普遍存在很多人心中的。

打開心胸、衝破藩籬的天命

心道法師說：「這都沒問題啦，就是要大家把心胸打開來。」各宗教之間其實都有一些閉鎖的部分，世界宗教博物館就是想把這些閉鎖打開來，呈現各宗教對人類心靈的安慰以及更擴及的東西。對我這個「博物館人」而言，接觸這個工作，充滿了種種可能性，也充滿了種種考驗。到底，靈鷲山如何以一個佛教教團為出發點，來做世界宗教博物館？我想，要做博物館，不管是什麼團體，一定要先本於博物館的精神來做。在我當顧問的那段時間裡，不管是和心道法師，或者和了意師等弟子，我和他們都有很好的溝通和互動。

有一年，我們一起去德國的馬堡大學宗教學系的附設博物館，這個博物館是以大量宗教知識的展示和收藏來讓學生了解各個宗教。第二個參訪點是英國的格拉斯哥，去看一個「宗教藝術與生活博物館」。在這裡我們有一個很深的感觸，我們原先以為它是偏向宗教和藝術方面的博物館，後來，和館長討論過之後才知道，格拉斯哥與英國很多城市一樣，在大英帝國的殖民地獨立之後，很多原殖民地的人民（如印度人等）紛紛來到英國。這些印度教徒，與英國的基督教徒，存在著很大的文化鴻溝，造成一些誤解和衝突。格拉斯哥城，本來已有好幾個很棒的博物館，但他們又蓋了這個博物館，希望他們的市民，對不同宗教的內涵，有更多了解和尊重。利用宗教，讓不同種族的人能互相包容。

在美國，有一個包容博物館，同樣也是談「了解與包容」，但它用的是「民權運動」，以白人和黑人之間的種族衝突來做主題。

看得愈多，愈相信我們宗教博物館的願景是可以達到的。我們選擇從本來誤解很深、隔閡很大的地方去打破它，不只是談談表面化的藝術、文物，而是從抽象化的理念去切入。

投入籌備的甘苦秘辛

概念漸明朗之後，我們開始著手去做籌建工作。我有一個外號，叫做「博物館籌備專家」，永遠都在做籌備的工作，從早年中研院民族所的小館開始，其後參與籌備臺灣史前文化博物館，後來到宜蘭協助籌建蘭陽博物館，最近十年則從事籌建國立臺灣歷史博物館的工作。半生都在這個工作範圍內，所以我對博物館的規畫及籌建算是有些經驗。

在我參與宗博館的過程中，我的感覺是，宗博館是一個很容受的、像棉花善於吸水般的博物館。給它任何專業的建議，它都可以接受。一個博物館，不是找一個地方、放一些文物就夠了，而是要養一個團隊來經營，這個投資是很巨大的。在籌建的當時，這隊人馬就要慢慢進駐了。我記得我有很多建議都被接受了。比較起我後來的經驗，一些縣市政府只會蓋個大房子來引人注目，卻沒有去思考經營這個館的團隊和願景。

宗博館在這方面，一直是很明白的。我和心道法師及相關的工作人員之間一直很投契，這是讓我很願意擔任顧問來協助和帶動宗博館的主因。雖然不是常見到心道法師的面，但每次見到他，他都笑笑地說：「沒問題啦，就做呀！做做做！

你們就是專業嘛！」心道法師就是這麼令人窩心，不必費很大力氣去溝通，也不必擔心他不了解我們。

宗博館設計的靈魂人物

在長時間的資料收集和撰寫研究計畫之後，終於要真正動工了。因緣幾番來去的結果，宗博館敲定了地點，執行計畫也要正式啟動。在國際競圖的過程中，發生過解約的波折，心道法師很「阿莎力」地指示再重新找設計師。我建議心道法師不必再競圖，我直接推薦，也是美國數一數二的優秀設計師 Ralph Appelbaum Associates Incorporated（RAA）給宗博館。Ralph 的「RAA」團隊真的是專業又用心的工作小組，我因為在籌建「臺灣史前文化博物館」的時候和 Ralph 認識，我個人從他身上學到很多東西。「RAA」可以說是世界上做博物館展示設計最大、最專業的公司。

Ralph 和心道法師認識之後，也對心道法師很有興趣，他說心道法師是一位奇怪的和尚，幹嘛做世界宗教博物館？Ralph 因為對宗教的興趣，他參與這個工作的熱誠很高，且他和心道法師一見如故，直說「這個案子有意思」，比我還投入工作。

世界宗教博物館的空間主要分為兩個樓層，從兩個面向來談宗教。第一個是我認為很重要且很堅持的。我從人類學的角度出發，主張每個民族、每個人都有信仰。「信仰」是什麼？是可以陪伴我們一生的東西，因為有信仰，可以讓我們的一生，從生到死、從榮耀到苦難、從幸福到悲傷，都有所依托、有儀式可舉行。第二個，我們展示各宗教的文物，讓大家對各宗教的面貌有初步的認識。

我在大學裡講課時，常告訴學生：全臺灣最好的宗教展示，就在世界宗教博物館。可是，就是因為曲高和寡，有些人看不懂，如果有機會慢慢品味這些展示，就會發現，它們真的是很棒的展示。

我還記得，那段擔任宗博館顧問的時期，我和心道法師、了意師、江館長等一群人，曾經晚上在山上的道場裡討論宗博館的種種構想，到了深夜都還高談闊論、毫無倦意，那真是我很有收穫的一段經驗。

難聞能聞的佛緣啓發

我與心道法師還有另一段私人的因緣。二〇一二年時，我的媽媽九十一歲，她八十歲那年，動了一個子宮頸癌的大手術。那時我在臺東工作，她手術前，我請了一個長假回臺北來陪她。媽媽手術前忐忑不安，我一直安慰她。我把多年未念的《金剛經》找出來，帶到她的病床前念給她聽。媽媽雖聽不懂，但很專心地聽。

為了媽媽的手術，我也特地打電話給靈鷲山，希望心道法師可以來幫我媽媽祈福。了意師在媽媽手術前一天晚上來了，在他的祈福下，媽媽心情變得很平靜。我告訴媽媽：「明天您一進開刀房，我就開始念《金剛經》，念到您出來。」媽媽果然一臉安詳地進手術房。手術之後，心道法師也來醫院看媽媽，我媽媽以很快的速度康復了，並且之後身體狀況一直都很好，斷除了病根。我對這件事印象很深刻。我從事文化研究，總是從學術的角度來看宗教，反而讓我無法成為虔誠的佛教徒。但心道法師的加持使我母親可以度過難關，讓我深信不疑。

對於心道法師能來為我媽媽加持的事，我永遠感恩在心；我也很感謝心道法師找我參與宗博館的這段奇緣，至今十幾年了，我回想起來彷如昨日。宗博館開館之後，我因臺灣史前文化博物館的籌備工作忙得不可開交，也就沒有再顧及宗博館的事。我知道宗博館不是一個迎合世俗需求的博物館，在經營的路上一定有很多的困難要克服，但十幾年來它所受的肯定也是有目共睹，祝福宗博館，昂首再前進。

停不了的慈悲

口述：江韶瑩（前任世界宗教博物館館長）
文：楊蕙綺

前任世界宗教博物館館長的江韶瑩館長表示，維持這樣一座「理念型」博物館，真是一項「不可能的任務」！沒有無我的慈悲，難以堅持！

隱身幕後的發起人

宗博館座落於永和都心，是一座都會型博物館；為彰顯跨世界宗教與生命旅程主題，定位為「心靈體驗的」博物館，因此在設計、設備、媒體、劇場以及展示工程等軟硬體上，維持費比一般博物館高出很多。例如，因應所在區域條件以及館內珍貴藏品等因素，宗博館必要處於全天低溫空調的狀態，一年電費支出當然所費不貲，更因應宗博館特殊展覽形態，必須用更多的經費來維持整館的營運，所有經費來源則是隱身幕後的這群發起人，同時也是功德主：他們是心道法師及其領導的靈鷲山四眾弟子。這些民間小額募款累積的護持金得來不易，每年年度計畫當然也都錙銖必較。維持這樣一座「理念型」博物館，真是一項「不可能的任務」！沒有徹底的慈悲，根本難以堅持！

宗博館在發想、規畫、實踐過程中，心道法師想替社會發展淑世利生主題，他也認為靈鷲山不只是個人修行，更要入世弘法，宣達和平理念；宗教師入世不只救人，更要救心，宗博館作為心道法師第一項志業，不為宣教為人心，透過文化形式，以藝術、資訊與科技為工具，讓宗教有嶄新的呈現，進一步貢獻社會，將過去很少被重視的美德教育提升，是為另一種生命教育的突破性創舉。

心道法師認為，新世紀的來臨，佛法不只是靠人去履行，更要靠傳播去發揚。博物館從歷史、藝術方面來推動愛與和平，呈現華嚴的極致精神，並與修行相輔相成；所有宗教原初目的，讓人生發的善愛之心能夠被彰顯，心道法師早在二十多年前，目睹各宗教因文化隔閡、利害關係、誤解而導致對立衝突，產生屠殺及戰爭，基督教和伊斯蘭教、印度教及錫克教，甚至同宗教內各教派也因政治種族等立場不同產生殺戮；當人們窮盡所能、極目遠望仍是漫長蒼茫混沌的路途時，心道法師總是能夠穿越時空，洞燭先機，標定在人們所不知的未來卓見，在那清涼淨土，所有眾生不因信仰、人種、語言等隔閡差異，而得安身立命，究竟離苦得樂。

交流普世價值

心道法師的理念，是超然的，提出「宗教不限於佛教的觀點，而是一個普世的價值」，江館長感慨說：「心道法師這種寬闊的胸襟，早已超越宗教，而是一種雲端思維，兼容並蓄、海納百川。」宗博館是個會說故事的博物館，讓來館參觀民眾親眼目睹、感同身受，相信真善美聖和感動，一瞥恆久的價值，跳脫一般傳統博物館展示文物的制約，進行宗教性靈對話，用一種「情境體驗」來觸動觀眾的內心，用開放包容不同觀點的敘述方式，讓每一個參觀民眾透過展覽氛圍，持續與自己深度對話，釋放心靈沉痾，找回本真面目；能夠從中了解及化解歧見，讓愛的心靈被看見、被尊重，呈現宗教裡精煉藝術之美，讓正信宗教在娑婆世界裡接引不同的眾生，散布善意，培育愛的種子。

整體回顧宗博館初創的十年，一方面是心道法師提出「愛與和平、地球一家」的理念，藉由馬不停蹄的宗教對談交流，把宗博館的理念推廣出去，讓許多國際人士有緣來臺灣親自造訪宗博，反而是臺灣本地的宗教團體會來館的比例不高，

也許是我們很容易被外界認為是「佛教的」博物館，從此點看出，宗博館在形象上有點混淆，而國內宗教交流機制並未充分建立出來，未來宗博館將啟動論壇，更積極主動開啟交流平台，讓各宗教來此交流產生對話，也期許能跟更多國家宗教民族、館際合作交流，創造超俗脫凡的情境，讓經驗直指本性，並利用博物館的數位化，透過多元網路，讓更多資訊及理想更能活絡。

心道法師開風氣之先，運用科技媒體來呈現心靈體驗，所以宗博館會更積極運用網路無遠弗屆的特性，傳達人類的終極關懷，這正是切合心道法師不立文字、直指人心的精神。

一個無悔無倦的承諾

從籌備初始，宗博館有十萬護持者，一路相扶持；如今不到一萬的回館率，也許因為認知差距，也許因為理念不同，或使用博物館經驗不足，讓江館長百感交集。他認為硬軟體設備的改善是迫切需要的，參與其中，必須將真實營運問題呈現，不是改變創館理念，而是要讓宗博館新生，讓它不僅在國際上發光，也在本土得到共鳴。江館長相信蹲低不是屈就，而是醞釀與啟示，回館率低意味著博物館需要以感恩回饋之心，奉獻更多的關懷和溝通，信徒需要更多時間來教育、展開與深化，共同護持宗博館作為一個心靈轉化和生命詮釋的重要社教機構的功能，益增這面華嚴世界的鏡子裡，輝映各宗教的珠玉之網中每一個交會的亮度。

宗博館的定位是歷史淬煉的智慧結晶，誠如它標舉的二大精神支柱「愛是人類共同的真理，和平是人類永恆的渴望」。江館長看見心道法師的赤子之心，那是一顆大無畏的心，面對宗博館的永續經營，卻是一則無悔的承諾。期待世界宗教博物館除了臺北館，更播放到世界各地，讓世界和平透過宗教對話被啟發，讓人心因為信仰而不朽，讓人類不再有對立，不再有戰爭，不再有殺戮，獲得永遠的「愛與和平」的恩典與賜福。

紅塵點燈方外友

口述：蔡信夫（前淡江大學管理學院院長）
文：楊蕙綺

在靈鷲山這座山頭，少聽說莫測高深的傳奇，多的是平常心的真情流露，處處可見一步一腳印的學佛感恩，一點一滴的護持奉獻，細水長流的關心互動。

二十多年前，靈鷲山嶔石磋峨、野草雜林，朝山大道也不是現今所見的平坦車道，而是滿布大小碎石、泥濘顛簸的蜿蜒山道，當時上山必須開車到半山腰，再沿拱南宮旁雜草掩徑的羊腸石階，往上拾級徒步約二十分鐘；如果入夜後才下山，沒有手電筒根本寸步難行。就這樣克難簡樸、默默無聞的靈鷲山，民國七十八年來了一位淡江大學管理學院院長——蔡信夫，這位在淡江幾乎無人不知的「傳奇」蔡院長，爽朗又開明，課堂上幽默風趣又威嚴，常常令學生又愛又怕，指導的博碩士已經超過一百七十位。

時光倒轉回二十多年前，蔡院長若有所思地回顧，因為一位指導的優秀碩士生於畢業後放棄大好前程，投身非主流價值的佛行志業，一頭栽進靈鷲山出家，還不時向他「推薦」心道法師，令他百思不解。多年來躬耕於杏壇、致力於伏案，乍聞自己指導的碩士生出家訊息，對他無疑是一枚震撼彈，不僅心理上不認同，理智上也不明白。他認為，國家好不容易培養的菁英人才，負有社會的使命責任，於青壯之年隱世沈寂、青燈伴古佛，著實說不過去的。當時，一心一意想上山找心道法師「理論」。

於是在滿心狐疑又好奇的驅使下，他決定親自上山來看看，靈鷲山究竟是什麼樣的山頭，一再讓頂著高學歷、前程似錦的年輕高材生願意奉獻，這個心頭大問號，他要自己找出答案……

篳路藍縷的紅塵點燈人

由於學生三不五時跑來辦公室跟我分享心得，陸續也聽到靈鷲山還有很多是曾經指導過的學生，例如，法性法師是國貿系學生、了意法師畢業自會計系……等。我驚訝竟然靈鷲山上有這麼多法師是自己的學生！雖然心理上不認同遺世獨立的修行人，但輾轉聽聞靈鷲山心道法師曾是一位多年閉關苦行的修行人，卻很有願力在當時積極成立基金會，為社會發展淑世利生志業，讓入世弘法落實在心靈教育、生命教育等各項社會關懷層面上。我當時心想，這實在很有意思！

為了一探究竟，有一天，我偕同好友簡仁德上山，沒想到就此跟心道法師結下不解之緣，說不出所以然地一訪再訪「上癮」了！有時一週裡的二三天都往山上跑，每一次都待到三更半夜才下山。當時心道法師剛出關，不太會講話，但他反應很快！總一針見血！

所謂真修實證的力道，可能就在平常的行住坐臥、語默動靜裡。每一次上山，只是感覺很好，跟心道師父在一起很愉快！什麼都談！這是很奇妙的感覺，後來就常常回山。在與師父認識那一年，就跟心道法師及其徒弟法師們一起發想未來的靈鷲山志業，也捐了第一筆一百萬。

當下修行騙了誰

心道法師是一個於塚間修行的苦行僧，這讓我對心道法師是打從心底佩服。當天，我所遇見心道法師是一位平實、親和、真性情的出家人，雖然心道法師所說的禪頭話語常讓我不甚瞭解，但卻很喜歡跟心道法師相處，很自在且輕鬆啊！持續一年多的時間，我幾乎三天兩頭回山。回想當年的靈鷲山「光禿禿的」，說是樸實，實際上是簡陋，什麼都沒有，山路遇雨立即泥濘不堪，可是大家都不覺辛苦，反而很起勁；與心道法師的互動就像兄弟或老友一樣，只要親近心道法師，我就感到非常喜樂。

我曾問過心道法師：「唉呀，您怎麼把我學生都騙上山了呢？」心道法師答得巧：「修行這門功夫，哪裡能騙得了人！」我對心道法師有著深深信任，到現在，心道法師還是我最敬佩的人，他的禪修閉關是非常實在的，用生命去下過苦功的，苦行僧之名是當之無愧，他講的佛理，也不是一堆知識，是他生命的真實體驗心得，後來，我反而最佩服他把佛理講得很淺顯易懂，讓大家都可以接受。

當年，是機緣也是巧合，我額外賺得兩百萬，捐了一百萬當慈濟榮董，然後因為認識靈鷲山、也冥冥中感到心道法師的理念會為臺灣的精神文化帶出另一種不同的面貌，我就把額外的一百萬捐給靈鷲山，成為山上第一筆百萬捐款。當時，靈鷲山還沒有成立護法會、沒有榮譽董事會的名號。我常笑說，我這榮董頭銜是心道法師「追封」的。

當年心道法師提出五大計畫，第一項便是成立世界宗教博物館，我對後續經營提出質疑，因為深知設立經營博物館實在是一件吃力不討好的燒錢志業；第二是世界宗教大學。

這些聽起來簡直是天方夜譚，但心道法師意志很堅定，覺得只要是對的事、對社會好的事，堅持下去，必定會水到渠成。那時，我衷心佩服也祝福心道法師的信念及前瞻性，想義無反顧地護持心道法師。我雖然不懂佛法，但始終認為佛教徒是最具包容性的；「尊重、包容、博愛」在心道法師身上，不是口號而是發自內心認同的，世界宗教博物館便是在這宏願下發展，「真心、謙卑、包容、坦誠」是心道法師能夠堅持宗博館至今獲得各宗教認同的關鍵主因。

二十多年前，靈鷲山在臺灣還是個很小的佛教團體，心道法師就有如此宏觀的菩薩願力。我多次參與山上的研討會議，有時候都會覺得好像跟著一群純真質樸有理想的出家「孩子們」，看著天空做白日夢般，神采奕奕、眼光炯炯，內心也很高興他們正在替臺灣的文化天空彩繪上一筆很美麗的圖案。當年學生出家的因緣牽連了我與靈鷲山的深刻緣分，一路走過二十多年來不間斷，未來也將持續下去。

禪修是靈鷲山的專業

心道法師知道我不是很虔誠的信徒，講話也都很直接，從來不會勉強拜佛或做什麼，但有什麼事都會想聽聽我的想法；我在教團內也感到很自在、不強求。

大家都很照顧我，可以說我跟心道法師一直不離不棄、相知相惜。我全家都虔誠皈依了，我很驕傲我兒女是心道法師「福證」的，尤其我的兒媳更特別，他們是世界宗教博物館開館以來第一對在宗教展示大廳完成終身大事的的幸福新人，現在小孫兒每一次到宗博館就會指著心道法師照片合掌叫「師父」。可以說，心道法師從成立宗博籌備處開始，就要我一路參與到今天，我現在還是創館至今的宗博基金會董事，心道法師對我有很深的默契。

雖然，多年來我看到心道法師奔波勞碌，也看到靈鷲山的起伏顛簸，但我對靈鷲山及宗博館仍有很深的體會及期待。禪修是心道法師多年閉關潛修所證悟的智慧傳承，這是心道法師二十多年來從來沒有改變的，不論多勞累，師父從都不會怠慢閉關修法潛修這門功夫，這樣才有更解脫自在的入世能量；心道法師天生具有純真慈悲的菩薩心腸，我看見心道法師就如同看見家人般，很親近、也很自然熟悉，這渾然天成的信任，一路走來都是如此。另外，我看到心道法師最可貴的一點，是一個不怕苦的人，只要利益大眾的事，他就義無反顧去執行，這個特點跟心道法師獨特的戰區孤雛背景有關，所以他對和平是發自內心的渴望！

從民國七十八年到現在，心道法師年齡雖然增長，但那顆赤子真心，卻一點都沒變。心道法師最大的改變就是「說法的方式」，他很能用日常語言表達佛法，深入淺出地說法，讓所有人都能接受，這是很了不起的。再來就是心道法師的回應很快，能夠適度地反應，能讓人即時性感受到溫暖，也因為心道法師的謙和柔軟善巧，讓接觸他的人都被他深深說服吸引，他的善緣很廣大。一路走來，我很珍惜與心道法師的緣分，畢竟人身難得，佛法難聞。

建一座實踐和平的聖山

靈鷲山下一個二十年，我期待世界宗教博物館經營模式可以有所突破，能夠引入更多社會善信資源，讓心道法師下一個階段的時代使命——聖山計畫盡快實現。聖山計畫，是展現一個修行聖地的理想藍圖，是一份跨越宗教藩籬、自然壯闊的回歸真心，對臺灣、對世界都是個難得難聞的宗教聖地，去過靈鷲山的人，無人不歡喜，無人不期待。希望聖山金佛園區開始營運後，配合政府發展觀光經濟，讓全世界的人都能來到靈鷲山感受清涼法味。更期待完善教團制度能吸引更多人才來投入，畢竟這才是長遠性的，把心道法師慈悲與禪的宗風持續推廣，我想靈鷲山不但能別樹一幟且更有貢獻。

因為身處教育界，常常關懷當前教育的困境，我認為從生命教育著手才是根本之道，不要一開始從宗教教育進入，而是從生活教育、生命教育開始，循序漸進讓孩子慢慢走向符合佛教描述的終極人生目標。生命教育是道德、品格、倫理、文化，面對人的生老病死等觀念、禮儀等。讓孩子從小學會尊重、包容、博愛，這樣社會才會和諧、世界才有和平，教育不要自私自利，不要製造仇化對立。而世界宗教博物館多年來透過生命教育發展出一套文化體系，也是值得持續發揚的，靈鷲山要能夠更釐清楚自己的特色，加強本有的優點，讓失落已久的倫理道德甦活。這也是二十一世紀全球巨變動盪下，人類所共同追求的目標。最重要是「佛在心中」，一切唯心所造，唯識所顯。以上是我二十幾年來的體會。

他把自己獻給世界

口述：陳松根（靈鷲山護法會東區執行長）
文：阮愛惠

大家都知道，心道法師是個窮和尚，他自己都說：「窮和尚做大夢。」重點是，文化本來就從夢開始，只是這個夢，他真的想清楚了嗎？其實，心道法師是以觀音普門示現的精神，來蓋這個博物館的。

靈鷲山護法會對宗博館的護持，在宗博館開館前十年就已開始。回頭看，就是心道法師帶領我們實踐驗證理論的過程。「各宗教的互相包容」是一個理論，但宗博館的成立是要我們從自己的口袋中掏出錢來去宣揚不同宗教他們的教義，那是很深刻的實踐經驗。

呂芳裕早年就跟隨心道法師，他是大企業的高層，也是位知識分子，他說過一些話，可以很真實地呈現我們實踐的過程。

呂師兄見證過心道法師的苦修，對心道法師有著至高的尊敬和維護。他本來有一些好朋友，卻因宗教信仰不同，彼此在討論對生命看法時，因意見分歧而漸行漸遠。但在他參與宗博館護持工作後，有一天，他很高興地跟我說：「心道法師真的很厲害，因為我們拿錢出來請各個宗教到我們的博物館來，我也試著去了解其他宗教的人到底在幹什麼，才發現，每個宗教有他們扮演的角色。因為有心道法師的世界宗教博物館，我又跟以前的那些朋友聯結起來。」這段話我永遠記得。

心道法師就是叫我們去做，做了就有真正結果；做了才知道，理論的內涵有些什麼。佛告訴我們，跟任何人結善緣，就是結來世的福報；世界宗教博物館的成立，不只跟佛弟子結善緣，跨越宗教，和每個宗教結下善緣。在那個空間裡，我們走出宗教限制，讓各個宗教的教義可以同時示現，讓我們有更寬廣的視野。心道法師給始終教誨我們：「學佛，是一種讓心量打開的過程。」

世界宗教博物館成立之後，靈鷲山護法會面臨到一個最大的問題，就是信眾對宗博館的情感，與宗博館即將背負的使命和發展之間，產生矛盾的關係。因為它是一個世界性的宗教博物館，如果有任何一個宗教的色彩在其中太突顯，那絕對會影響它的成長。心道法師對於這個問題，一開始就很清楚。所以，在宗教博物館成立那天，我們護法會成員通通不在場。

這種情感的割捨，剛開始護法會的人是不願接受的。那種感覺，就像我們教養出一個得到博士的孩子，但當他站在全世界前被注目、讚歎的時候，他的父母親竟然沒有被邀請到現場。那時真是很強的衝擊！

心道法師的意思，是希望在宗博館成立那天，現場不要有太強烈的佛教色彩，別的宗教代表及信徒來到現場，才能看到靈鷲山真正的心胸，放手開放宗博館這個平台空間，讓每個宗教都來支持。開幕那天，本來決定護法會的人都不要到場，但我跟心道法師說，如果是這樣，日後將成為靈鷲山護法會永遠的遺憾！不論如何都要讓護法會的人在宗博館成立這天有所聯結！

所以那天，我們護法會在宗博館的樓下辦了一場「把宗教博物館獻給世界」的活動，用彩帶包裝一個象徵宗博館的禮物，送到宗博館一樓門口，但護法會的人都沒有上去。我們用這活動代表這十多年來的付出，已經昇華，在這時空點上畫下句點。理性的抉擇，卻造成情感深深撕裂的後果，當時我們很多人都哭了。

我之所以從頭回顧這一段，是希望大家重新再體會一次，心道法師這位大修行者當時的一個抉擇，看看心道法師的無私、世間的實相；也希望大家再回顧護法會多年的付出，最後亦能遵照心道法師的心意，無私地把宗博館奉獻給全世界，連被表揚的舞台都沒有站上去！

世界宗教博物館最被稱許的特點之一，在於它不是來自資本家大手筆的慨捐，而是大部分從靈鷲山的委員們一人一日一百元的累積而成立的，所以我們也稱它是一座「平民的博物館」。當「平民博物館」走上世界舞台，「平民」竟然不見了！這一段記憶是靈鷲山護法會永遠的痛，至今有些人還不敢回頭去面對。但我心裡很清楚，心道法師為什麼要這麼做。如果時光能倒流，我認為仍然應該做這樣的決定。

回頭想想，心道法師會做這樣的決定，不是突然，而是在宗博館未建立之前，即做好了心理準備。民國八十五年左右，心道法師就找我回去，說：「阿根，你回來幫忙宗教博物館。」當時我在宜蘭的社區營造工作正如火如荼進行，心道法師知道我從社區參與學到很多政府的資源和理念，能掌握臺灣社會進步成長的脈動。從心道法師找我那天起，我才開始去想成立宗博館的問題。

大家都知道，心道法師是個窮和尚，他自己都說：「窮和尚做大夢。」重點是，文化本來就從夢開始，只是這個夢，他真的想清楚了嗎？我決定參與之前，跟心道法師曾有一次深談。那晚我回到靈鷲山無生道場，從晚上十點打坐到半夜三點，用五個小時，進入我的思考體系，大約釐清了兩個問題。隔天一早，我問心道法師：「您想要的，是佛教的世界宗教博物館？還是人類的世界宗教博物館？」心道法師很清楚地說：「是人類的世界宗教博物館。」我再問：「那佛教在裡面的角色是什麼？」心道法師說：「我的因緣在佛教，我的資源在佛教，我用佛教的能力，讓它走向世界各宗教的連接點。因為所有宗教都在探索生命本質的東西，我們的國情，正好可以接受這樣集體思維的呈現。」當時心道法師和我也一起討論到，如果是用佛教資源來建這個博物館，到時候一定要做切割，才不會影響博物館的發展。

雖然如此，那種「辛苦栽培孩子念到博士，孩子卻不認爹娘」的情感傷害，卻造成大約一半的護法會成員，在宗博館成立之後，失去了護持熱情，連帶地，也使靈鷲山弘法利生工作，陷入了長期低潮。於是，我們在宗博館成立後第三年，舉辦「萬人禪修」活動，讓大家重新認識心道法師及靈鷲山的價值。

我很尊敬心道法師，因為他不用形而上理論，讓我真正看到一個心胸開放的大修行者在這個事件上做如此的處理；但這樣的處理也讓跟隨他的人起了一個大問號。「萬人禪修」的活動過程裡，我們讓大家看見生命的喜悅、靈鷲山的宗風、心道法師的修行、宗博館的價值。如果沒有世界宗教博物館，其他宗教不會走到這個臺面；如果沒有心道禪師，我們不可能成就那個場面。

我們常常在心道法師的舞台上學習，我們的載體是心道法師，沒有心道法師，也就沒有這許許多多的善因緣。

春天從閉關處走來

文：呂政達（作家）

我偶爾會想起閉關著的心道師父，長久的靜止姿勢，終日不語，進食少許，心思如如，把自己坐成一座雕像。

金庸的《神雕俠侶》，出過一名只吃一種食物的裘千尺，她被丈夫公孫止斷筋丟在絕情谷，幸好有棗子掉進谷底長成棗樹，裘千尺不僅吃棗維生，還練成獨門絕活棗核釘，恨啊，我想她恨丈夫心狠手辣，也恨困在谷底這二十年，沒有吃到口的所有食物。

絕情谷底的棗樹，縱然淒美絕倫，考據之下仍不無疑義。按中國棗樹分布於黃河流域，有五百多種，集中生長在晝夜溫差大的河床沙質地，除非絕情谷底有沙地，又靠河床，實在想不出，棗核何以能在那裡長成棗樹。

我最近的想像，從棗樹悠盪到百花丸，事緣靈鷲山的心道師父閉關一年，舉行盛大的啟關禮，我也收到通知。細讀報導，前一次閉關時師父每天只吃九粒百花丸和大悲水。百花丸，真的是只在武俠小說才會讀到的食材，和九陽真丹、續命紅玉膏、天山雪蓮等等同列。

據考，百花丸的製作由兩位弟子負責。「在清靜之地取花，慎選肉厚蜜多無毒之花，每採一朵花，念一句六字大明咒。花蔭乾之後，打成粉，搓成丸，再持咒七七四十九天。」花的種類，春天採杜鵑花，夏天山裡處處盛開大白花。我憶起有次真的生食過杜鵑花，當然是出於好奇而不是修行，那種苦澀感在舌尖久久未曾散去，不知道搓成丸後，味道會不會變好？

閉關，日食九粒百花丸，皆不是簡單的事，必須發大決心、大誓願才能辦到。我估量自己從小缺乏的就是決心，恐怕只好繼續當偏食的美食主義者，當年我媽媽實在應該讓我嘗嘗水蜜桃的滋味，才不至這麼多年後，仍為一道食材的名稱所眩惑。

然而，受眩惑的何豈我一人呢？在正傳的中醫醫書中，百花丸原為治肺癆咳嗽的藥方，原料有款冬花二兩、百合一兩，做成龍眼大小的蜜丸。妙則妙在「百花」這兩個字對身體、對疾病、對一種吸取花露精華滋潤養生的長遠想望，產生了非常浪漫的想像。最接近的用法是近年相當流行的花精療法，已經發展到為每種花對應一種身心症狀，我偶爾會買兩罐花精油回去，放在桌前，有一種玫瑰精油香氣號稱能激發靈感，我打開瓶蓋，香氣飄渺鼻尖，不知道寫作此文的靈感，是不是由此香氣而來？

不知道在漫長的閉關歲月裡，心道師父服食百花丸時，是否也如此這般動心起念？心裡盡想著食物，這就不對了。心道師父一定會這樣說。

春天的來臨，總是讓我感傷。這一年裡，我偶爾會想起閉關著的心道師父，長久的靜止姿勢，終日不語，進食少許，心思如如，把自己坐成一座雕像——始終是我難以循想的境界。夜半三更醒來，曾試做盤腿調氣，數息，一遍接著一遍，車輛在樓下流竄，喇叭響，心思在腦內皮層爬行。「這樣的深夜，山中閉關的師父好嗎？」難免，這又是個浮萍般的雜念，所有的思念都歸入此類。

於是又想（這執迷不悟，劣根性的想），人從閉關回來，會不會像解凍的過程？先從堅實如冰塊的心念開始，滴下水來，憶起前塵過往種種，前一刻仍像長久的閉目屏氣，悠悠醒轉著感官知覺，會先從眼耳鼻舌身觸哪一味開始注入意念，從閉關出來第一個想法總是異常尖銳：「我回來了，咦，仍是此世？」

聽見第一聲鳥鳴，遠處海潮音，聞到春天開的第一朵花香，經過一段感官的隔絕和意念的修煉，於是會像佛家說的初心返轉。過於遙遠的，我已遺忘自己聽見第一聲鳥鳴的感覺。

確實曾想像自己進入閉關，趺座蒲團，氣息已然調勻，準備以漫長的時間觀想一句偈語——唯有這時才知道，僅憑幻想都能知道，要放下一切執著真是艱難的事。我如何做到不再構想下一篇文稿的寫法，靈感迸現時不再欣喜自滿。我如何能有片刻忘記思念心愛的人現在做的事，講過的話，許下的承諾，相約在春天來臨時，牽著手漫步淡水河堤道，讓落日無盡地追趕。

真正的迷戀癡纏，是關於食物的記憶。時鮮蔬果，顏色斑爛，我放下無門關，轉而觀想一枚春天盛產的榛果，外殼平滑，葉鞘翠綠，撥開殼，湧出溫潤的味道。種種關於春天的好，仍從閉關的那瞬，如風從意念的門縫吹進來。

已經是幾個春天前的記憶，在靈鷲山上參加一場座談會，陳義芝問起，哪部經書適合寫文章的人閱讀？心道師父一貫平靜語調說：「你們寫文章的心思太重，執迷文字，適合讀《華嚴經》。」休息時，我走向山巔，見喬木上有蜘蛛結網，一個完整漂亮的網，白絲上兀自沾著晶亮露珠，在微風裡輕顫，像經過幾場春天，仍不受到打擾。從那時起，我偶爾會想起這句話，開始在腦裡結著自己的網，心思仍然沉重，遠遠不如蜘蛛的輕巧。

「要不要上山來，春節師父都在山上，或者再遲些，山裡的春花都將開放……」想起法用師在手機裡的聲音。

「說到花……」我走過沉默的杜鵑花叢，仍無一點開花的跡象。寒流繼續在城市發威，但遠處有扇門打開，眾僧環繞，春天已從閉關處走來。

西元二〇一三年八月二十八日

正法眼藏

攝山棲霞寺佛祖源流

受持

夫佛陀為一大事因緣降誕於世，初為迦毘羅衛國王子，後出家成道於菩提樹下金剛座上。佛陀住世說法四十九年，談經三百餘會。一日於靈山會上拈花示眾，迦葉尊者默然破顏微笑，佛陀遂付以正法眼藏、涅槃妙心，是為西天第一祖。自此心心相印，祖祖真傳，直至第二十八祖菩提達摩尊者，東來說法度眾，是為東土第一祖。此後代代相傳直至第六祖大鑑惠能禪師。六祖以下分燈五派，大闡宗風。一傳青原行思禪師，一傳南嶽大慧懷讓禪師，二傳以後，葉茂枝繁不能備載，僅將吾宗正傳直接者詳列於后：

第七祖南嶽懷讓禪師
第八祖江西馬祖道一禪師
第九祖百丈大智懷海禪師
第十祖黃檗斷際希運禪師
第十一祖臨濟慧照義玄禪師
其後承嗣多傑，遂於宗門乃尊為臨濟正宗。
自此，臨濟兒孫遍天下，殆為正宗法脈。

第一世臨濟義玄禪師
第二世興化存獎禪師
第三世南院慧顒禪師
第四世風穴延沼禪師
第五世首山省念禪師
第六世汾陽善昭禪師
第七世石霜楚圓禪師
第八世楊岐方會禪師
第九世白雲守端禪師
第十世東山法演禪師
第十一世昭覺克勤禪師
第十二世虎丘紹隆禪師
第十三世應庵曇華禪師
第十四世密庵咸傑禪師
第十五世破庵祖先禪師
第十六世無準師範禪師
第十七世雪巖祖欽禪師
第十八世高峰原妙禪師
第十九世中峰明本禪師
第二十世千巖元長禪師
第二一世萬峰時蔚禪師
第二二世寶藏普持禪師
第二三世東明慧旵禪師
第二四世海舟永慈禪師
第二五世寶峰明瑄禪師
第二六世天奇本瑞禪師
第二七世無聞明聰禪師
第二八世笑巖德寶禪師
第二九世幻有正傳禪師
第三十世天隱圓修禪師
第三一世箬庵通問禪師
第三二世纖舟行海禪師
第三三世法乳超樂禪師
第三四世月潭明達禪師
第三五世大曉實徹禪師
第三六世天濤際雲禪師
第三七世六益了謙禪師
第三八世密海達見禪師
第三九世玉一悟明禪師
第四十世慶忠真濟禪師
第四一世樂平清耀禪師
遠峯清參禪師
第四二世觀心顯慧禪師
佛素顯然禪師
深容顯境禪師
月溪顯珠禪師
第四三世大定密源禪師
雲淨密傳禪師
性蓮密法禪師
隆慎密藏禪師
第四四世亮本印誠禪師
資福印聞禪師
梅村印得禪師
宗仰印楞禪師
融通印徹禪師
第四五世若舜傳悉禪師
第四六世方長心王禪師
卓慈心恩禪師
明常心鑑禪師
徹然心湛禪師
仰山心徹禪師
第四七世大本月基禪師
覺民月世禪師
志開月淨禪師
第四八世今覺悟徹禪師
超塵悟思禪師
悟一悟境禪師
道遠悟道禪師
星雲悟徹禪師

當大本月基禪師為星雲悟徹記莂時說偈語曰：

禪門多俊彥
佛種最堅固
悲心撼宇宙
慈念大地生
星光照九界
雲雷遍乾坤
雪淨天空朗
入都顯共慶

即今吾宗為棲霞中興第五代星雲悟徹再創佛光山寺，是為佛光第一代。今復體佛心，將此正法遞付於汝等，汝心退、佛心入，於二〇一五年八月二十八日於佛光山寺傳法，授記為臨濟宗第四十九代，棲霞中興第六代，佛光第二代，望汝善自護持常住，綿延衍替，令佛心印永續。偈曰：

棲霞傳分燈
從此一家人
佛光永普照
法水長流長

二〇一五年八月二十八日
授法 心道 智進 大德
剃度沙門 星雲 謹記

臨濟法脈表

重興丹霞山別傳寺第一代本煥乘妙大師
公元二〇〇七年陰曆九月十三日法眷

正法久住

南無本師釋迦牟尼佛

天竺第一祖 摩訶迦葉尊者　第二祖 阿難尊者
第三祖 商那和修尊者　第四祖 優婆毱多尊者
第五祖 提多迦尊者　第六祖 彌遮迦尊者
第七祖 婆須蜜尊者　第八祖 佛陀難提尊者
第九祖 伏馱蜜多尊者　第十祖 脇尊者
第十一祖 富那夜奢尊者　第十二祖 馬鳴尊者
第十三祖 迦毘摩羅尊者　第十四祖 龍樹尊者
第十五祖 迦那提婆尊者　第十六祖 羅睺羅多尊者
第十七祖 僧伽難提尊者　第十八祖 伽耶舍多尊者
第十九祖 鳩摩羅多尊者　第二十祖 闍夜多尊者
第二十一祖 婆修槃頭尊者　第二十二祖 摩拏羅尊者
第二十三祖 鶴勒那尊者　第二十四祖 師子比丘尊者
第二十五祖 婆舍斯多尊者　第二十六祖 不如蜜多尊者
第二十七祖 般若多羅尊者　第二十八祖 中華初祖 菩提達摩尊者
中華第二祖 慧可大師　第三祖 僧璨大師
第四祖 道信大師　第五祖 弘忍大師
第六祖 慧能大師　遞傳
南嶽懷讓禪師　馬祖道一禪師
黃檗希運禪師　臨濟第一世 臨濟義玄禪師
第二世 興化存獎禪師　第三世 南院慧顒禪師
第四世 風穴延沼禪師　第五世 首山省念禪師
第六世 汾陽善昭禪師　第七世 石霜楚圓禪師
第八世 楊岐方會禪師　第九世 白雲守端禪師
第十世 五祖法演禪師　第十一世 圓悟克勤禪師
第十二世 虎丘紹隆禪師　第十三世 應菴曇華禪師
第十四世 密菴咸傑禪師　第十五世 破菴祖先禪師
第十六世 無準師範禪師　第十七世 雪巖祖欽禪師
第十八世 高峯元妙禪師　第十九世 中峰明本普應國師
第二十世 千巖元長禪師　第二十一世 萬峯時蔚禪師
第二十二世 寶藏普持禪師　第二十三世 東明慧旵禪師
第二十四世 海舟普慈禪師　第二十五世 寶峯明瑄禪師
第二十六世 天奇本瑞禪師　第二十七世 無聞明聰禪師
第二十八世 笑巖月心德寶禪師　第二十九世 幻有正傳禪師
第三十世 天隱圓修禪師　第三十一世 玉林通琇禪師
第三十二世 茆溪行森禪師　第三十三世 彩山超寶禪師
第三十四世 楚雲明慧禪師　第三十五世 幻住實靖禪師
第三十六世 慧天際覺禪師　第三十七世 智山了願禪師
第三十八世 印照達轍禪師　第三十九世 照千悟亮禪師
第四十世 佛海真覺禪師　第四十一世 福經空印禪師
第四十二世 妙蓮覺華禪師　丹霞山別傳寺開山祖師
第一代 澹歸禪師　第二代 樂說辯禪師
第三代 丸茂禪師　第四代 勤修禪師
第五代 六如禪師　第六代 阿宇禪師
第七代 今龜禪師　第八代 智珠禪師
第九代 澤萌禪師　第十代 序東禪師
第十一代 繼祖禪師　第十二代 圓音禪師
第十三代 燾音禪師　第十四代 空祖禪師
第十五代 雅修禪師　第十六代 願來禪師
第十七代 興老禪師　第十八代 恂如禪師
第十九代 塵異禪師　第二十代 能洪禪師
第二十一代 法崇禪師　第二十二代 角子禪師
第二十三代 道濟禪師　第二十四代 元興禪師
第二十五代 利傳禪師　第二十六代 一超禪師
第二十七代 自新禪師　第二十八代 常機禪師
第二十九代 貫如禪師　第三十代 海明禪師
第三十一代 贊華禪師　第三十二代 宗乾禪師
第三十三代 純和禪師　第三十四代 天然禪師
第三十五代 寬永禪師　第三十六代 祥光禪師
傳臨濟正宗南華堂上第四十三世虛雲性徹禪師

南華堂上第四十四世本煥乘妙大師 為
廣東省仁化縣丹霞山別傳寺重興第一代本煥乘妙大師
今將正法眼藏囑付
臨濟正宗第四十五世別傳堂上第二代常妙心道禪人
善自護持 偈云

常持諸佛無上戒　妙用無盡悟真如
心光照耀弘聖教　道德高尚普度生

臨濟正宗 覺性本[illegible]法界周　如緣宏聖教　正法永昌隆

時 維
公元二〇〇七年陰曆九月十三日釋本煥乘妙
書於弘法丈室

後記　地球母親在呼喚

文：心道法師

今年二〇一七年，農曆是雞年，祝福大家吉星高照，感恩一切有緣人，感恩包容多元共生、孕育一切生命的地球母親，希望地球母親更健康，人類家人更和平。

普遍不景氣，大家不快樂，很多惡性循環的事在全球各地發生，危及地球生存、破壞人類的和諧。地球是有限度的，到它無法承受、無法啓動自癒的時候，它就會把整個文明摧毀掉，一切重新開始了。所以改變是迫切的，我們確實需要有一個「愛地球、愛和平」的原則性，作為各個領域發展的指導，每一個人都要重新學習一套對地球、對眾生，更智慧與更慈悲的互動之道，危機才有轉機，負面才能逆轉。

二〇一六年，宗博館十五周年，特別的是館慶日又碰上全球議論紛紛的美國大選日，我們的宗博規畫師之一蘇利文教授（Dr. Lawrence E. Sullivan）每天繃著神經看選情，最後還是選擇回臺來參加館慶；還有瑪麗亞教授（Dr. Maria Reis Habito）也趕回來了。館慶致詞時，瑪麗亞分享回佛對談的來龍去脈，說起當年宗博開館日一一九，也是碰到全球震撼的九一一恐攻，從那一年開始，她明顯感受到美國人受到威脅的恐懼。十五年後同一天，憂心忡忡看著美國大選結果的蘇利文致詞時表示：「與其說是巧合，不如說是緣起，每一個心念都是緣起，每一個緣起都是一個世界，緣起就像宇宙大爆炸，開始於一個點，最後形成三千大千世界……這就是華嚴。」蘇利文回憶二十五年前我到哈佛拜訪他的景象，那時我什麼都沒有，只有一份對觀音的信心和一個願力，他說這個簡單的「點」緣起了宗博的一切，那時他剛好在哈佛上完一年華嚴的課，接著他陪伴宗博的這二十五年，一路看著它似乎牽連著世界和平的脈搏。

館慶隨後的第二天，我邀約了蘇利文、瑪麗亞還有葛達鎷（Dr. Karsai, Gabor Zsolt）在靈鷲山上一起會談，深談我們這些年的看見，討論和平大學的構想。葛達鎷已經正式答應我的邀約，加入我們團隊，幫助這個志業的推動，我們不減當年的熱誠，萬事更具足了。

我說這個大學緣起於我們的宗教博物館，我們是從宗教的尊重開始做朋友，包容是我們彼此相處之道，就是相依共存的智慧，你中有我、我中有你，然後我們共同的工作，就是做博愛的工作，博愛人類、博愛地球，不要戰爭、不要消費主義，這個大學是為地球發言，這是一個原則性。

蘇利文笑著感慨：「我老了……」我說：「就是老了，才要做這些東西，如果不老，可能也沒有那個決心。這個年紀什麼都具足，有經驗、社會關係也圓滿了，又正好遇上是做這件事的時機。以前要做，可能還不成熟，這是我們宗教的使命，也是生命的使命。」我覺得宗博真是奇妙的禮物，剛開始來自一份修行的體悟，然後臺灣的佛教徒，大家支持我，再到世界各地去推廣，就是為了這份使命。

二十五年的努力發酵了！現在再接再厲，要在緬甸繼續做大學，還有民族文化館，我說這個大學源自「華嚴」的概念，我笑蘇利文說他欠債的部分，就是欠華嚴債，所以我們接下來的腳步，大致上不是慢慢來，而是要快快做。蘇利文也像個小孩笑了，開心地說：在他這個年齡，確實應該快一點、快點做！他還回報我說，他願意成為第一個學生！

他說那天我們的對話讓他看到一個視覺景象：彷彿大地之母本身就是完整的生命，地球之母在呼喚我們！他也很喜歡這個概念，包括這個學校是能夠成為地球發言的管道，他非常想為這樣一個平台努力，他說時機地點都對了，現在確實有別的方法，讓來自各方的、有智慧的、有洞見的人聚集在一起，他喜歡這個聚集的能量，然後呈現共同的智慧跟智能，這是時代的契機點。

我回答他，我們並不是要為做大學而做大學，這是一個運動，這是一個愛地球的運動，大學是一個教育機構，也是後勤單位，主要是要把跟我們一樣想法的人連結起來、連結好，共同努力來讓地球更好，就是讓地球永續，讓人類永續，教育大家真的知道怎麼去愛護它，這是我們的願景目標，也是大學的目的。

館慶完，又到了每年冬安居華嚴閉關了，這是靈鷲山的感恩法會，正好讓全山弟子醞釀！正像當年我們在哈佛大學的會議室一樣，二十五年後在靈鷲山的會談中，我們再度合作，不一樣的是，我們已經共同成就了博物館，有了這個平台，有了十五年共同成長的經驗，所以再下一個十五年的合作，更是一個長遠的計畫。

丁酉

心道

國家圖書館出版品預行編目（CIP）資料

聞盡：地球母親在呼喚 / 釋心道著. -- 初版. --
臺北市：奇異果文創，2017.05
328 面；14.8×21 公分. --（好生活；9）
ISBN 978-986-93963-3-2（平裝）

224.517 106003345

好生活
009

聞盡：地球母親在呼喚

作　者	心道法師
校　對	釋法用、呂政達、劉湘吟
文圖提供	靈鷲山文獻中心
總編輯	廖之韻
創意總監	劉定綱
編輯助理	周愛華
美術設計	蘇品銓
法律顧問	林傳哲律師　昱昌律師事務所
出　版	奇異果文創事業有限公司
地　址	臺北市大安區羅斯福路三段 193 號 7 樓
電　話	(02) 23684068
傳　真	(02) 23685303
網　址	https://www.facebook.com/kiwifruitstudio
電子信箱	yun2305@ms61.hinet.net
總經銷	紅螞蟻圖書有限公司
地　址	臺北市內湖區舊宗路二段 121 巷 19 號
電　話	(02) 27953656
傳　真	(02) 27954100
網　址	http://www.e-redant.com
印　刷	永光彩色印刷股份有限公司
地　址	新北市中和區建三路 9 號
電　話	(02) 22237072
初　版	2017 年 5 月 13 日
ISBN	978-986-93963-3-2
定　價	新臺幣 380 元